目録

周易傳義考異

［日］伊藤東涯　撰

周易傳義考異

[日] 伊藤東涯 撰

昔之讀周易也如嚼蠟如嚼鐵杵然壬寅之春遊於古義畫陵乃又昔善初始先生厚觸借得義者異而手之不置思之思之又重思之微似窺一斑

矣吾儕小人其當終身戴之
焉吾黨之學者若乃垂論之
爲勸而已矣雖定如不偽君之
罪也已已而今已親一輯書
自是天下之人必止於文只見全

豹乎古人者言足以之所遊歷
神通之書，以自備官吏之業就
屬不能至，信其趣庭之餘
暇，又思之重以之而待觀全豹
吾以為得全豹者也，雖然以

若亦可持此厥好以便
此以集周考子思之矣傳
云樸於存舊於世也大抵封
莫大焉云鄉憧以之無
託之以自戒云爾

歲在壬寅夏月

[illegible]謹書

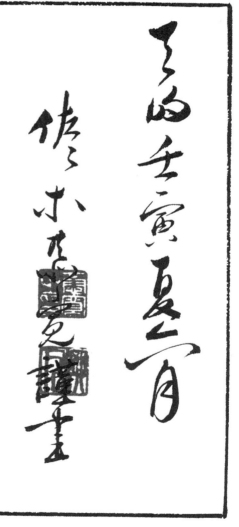

周易傳義考異卷之一

易傳序

澂按易有交變易之二義朱子兼取二義程子則易只從變易一義其卦畫肇于上世而其書作於殷周之際專爲卜筮之書至春秋戰国之間十翼出以明二經之義或以說卜筮或以說義理夫子則特做義理之書看故曰云云可以无大過矣王弼註經韓康伯註十翼今古註是也專說義理象數不復以爲卜書程傳亦因之但義理精詳弁論明備推之人事學發聖人之蘊不可復與王韓諸解一例看也至朱子則復反之卜書名之曰本義大意蓋與程傳異而義

訓名例之間亦有所長讀易者要當讀程傳會其大旨而義趣則參取本義斯无所失矣 乙巳六月十四日中

易經序

按此序相傳為程子之作予所藏二程全書性理群書載於拾遺中然其議論文字不類程子平生之言或云書林余恰廣賞之所著先生以為或然也

亂按在道在理彖上文未然在理之理字不穩此語本於程子所謂理一分殊之說則万殊不可言理當曰在事或在物則可矣 乙未十月 此一段宜勾

亂按此序或以為程子作然程子觀易專以義理為說而未嘗涉象數卜筮平生教人亦未嘗言无極太

極此序專說象數卜筮而未嘗及義理其非程子作
固不待辨也或以為朱子作然文公平生著撰片言
隻字收裒無遺而此序不見于大全集且序中所言
敬之在理則有万殊非朱子之旨其非朱子作亦可
辨也大抵古人文字凡書序必叙其由此序一篇文
字泛論易之理似科舉文字此宋元學子之所作漫
載之于篇首耳永樂修大全亦因而不除嘗記經解
中亦有此序者先儒有說 享保乙巳年六月廿日

上下篇義

胤按上下篇義亦不知誰之所著康紹宗二程文集
拾遺亦收載云見易傳文蓋自所刊行易傳而收也

戴

今觀其說瑣細牽強決非程子之作也此段宜句

右繫辭傳

唐前川稗編熊朋來云漢儒所說龜文可證者莫如大戴礼經註之言大抵圖書之說至宋始詳其源發於希夷而劉牧亦從范諤昌傳希夷之學其紊亂圖書特錯午言之以秘其術尓○按劉牧字長民衢州人其書有易數鈎隱圖頗穿鑿詭秘有河圖四象圖自以爲玄妙却是十爲河圖矣同上

卦變圖

瀫按㕘此圖者須知彖中或言剛上而柔下或言柔得位而上行皆言卦變也然六十四卦中以卦体互

中國典籍日本注釋叢書

五經卷

8

周易傳義考異

[日]林羅山 等撰
張培華 編

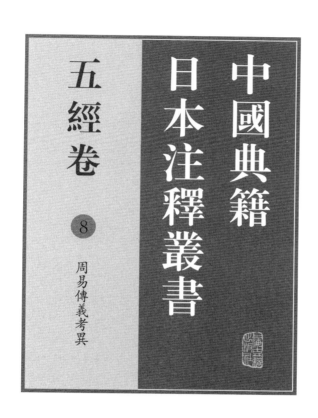

本義卦變圖備傳義本

吴

往來者非兹得過卦變也假在師卦曰剛上柔下則知師之九二初六與復之初九六二換位也謙之卦則知謙之六二九三與師之九二六三換位也豫比剥亦準此若自上而言則在比卦九五上六與剥之上九六五換位在豫卦九四六五與比之九五上六換位也謙師復亦準此下所列諸圖可以此例推也

按宋谷水林至字德久淳熙中以大學上舍釋褐官秘書省著易裨傳三篇載經解其中有李挺之六十四卦相生圖漢上朱氏以為康節之子伯温傳之於河陽陳四丈陳傳之於挺之長揚郭氏序李氏象學先天卦變曰陳圖南以授穆伯長……以授李挺

之〻〻以授邵堯夫陳安民〻〻以授兼山〻〻〇
澹按李才卦生圖与此圖同但圖止三陰三陽而無
四陰四陽以下二圖豈文公曰陳邵旧而詳之耶已
六月廿一日昏

右易之圖

澹按天地自然之易河圖洛書也伏羲之易先天四
圖也文王之易後天二圖也帯周公在其中孔子之
易卦變圖也卦變之說彖中所說一義非作易之本
旨故以為孔子之易　乙未十月十一日為白石生講此書

筮儀

此第一营

按上系辭曰四營而成易十有八變而成卦本義四營謂分二掛一揲四歸奇也

此第三營之半

按三營四營謂之半者左右各居其半合左右為一營故言半也

周易

孔穎達正義云文王作易之時正在羑里周德未興猶是殷世也故題周別於殷以此文王所演故謂之周易其猶周書周禮題周以別餘代故易緯云因代以題周是也先儒又兼取鄭說云既指周代之名亦是普徧之義雖欲无所遐棄亦恐未可盡通○陸德

乂乂位圖備傳
義本

明音義周代名也周至也遍也備也今名書義取周

普〇亂按周字從存二義唯當定爲代名本義自明

乾

全卦大意 此卦六爻皆陽故名之為乾而系元亨利貞之辭也諸爻皆取龍之象而唯九三一爻專做人位說爻從下而上九五為人君之位与二相応本示占筮所值之吉凶也彖移就天道聖人上說大象亦取象于天而以天行健比君子自強之誠小象各示所遇之戒也文言則演彖象之意卦爻但就人事說而乾元始而亨一段專說天道六爻皆做聖人之事說其所同異畧可見矣程傳解卦辭為天道則本於彖而分為四德則盖出於文言也各爻皆為聖人之事亦擬文言也朱義則卦爻各隨文成解而不必定

為天道聖人事各示所值之吉凶也其於彖象文言
亦各為解不相混同大抵觀易之全數則當從程傳
以玩其義而至於辭義則本義最為簡明有條不
可不從然解彖象而間帶卜筮之意如解首出庶物
曰聖人致太平之占解牝馬地類曰其占如下文所
云也亦不免牽扯唯當各隨文消息不可錯襍混合
他卦準此

乾元亨利貞

澂按乾元亨利貞程子從文言首章說解為四德自
王輔嗣已來已是如此朱子則從諸卦彖說解為占
辭云大亨而利於正易本為卜筮之書則朱子之說

當為易之本旨也然彖曰大哉乾元文言曰乾元者始而亨者也則當以元字連上文不可与諸卦言元亨利貞者一槩而說彖釈例自可見矣若夫鮮為四德者文言僉有其言尤不可從也詳于下

亂按程子云天者天之形体乾者天之性情云之以大說不然也乾是卦名非天之一名也以其六爻皆陽純剛之至也其象為竜为馬天者特其大者耳猶艮之为山離之為火豈可指火為離稱山為艮哉曰取象則可矣以為其別名則不可也且自大象已前已無以乾為天之說矣而后世則曰乾坤則自為天地之別称大全古義程子之說亦不免襲其陋

澂按本義三倍其畫二句依邵子加一倍之說於八卦之上三句兼參程子之說二說兼舉以完其說不如專取程說也乙未十月十五日

初九

澂按程子解乾六爻皆為聖人之事朱子以易為筮書故不必為聖人之事但二五見說大人故有賓主之說程子蓋依文言故牽做聖人說然文言自是一義解爻不必可拘乙未十月十五日

澂按本義初九者卦下陽爻之名卦下謂卦之最下与下程傳所云卦下之辭為彖不同乙未

九二

澂按利見大人程子說大人二樣一是指九五一是指九二說利見三樣一是二之利見五一是五之利見二一是天下之人利見二也朱子則爲占者利見本爻九二之大人也若或有其德則利見九五飛龍之大人也程子之說最錯襍不明朱子之意亦覺牽揑今推其意朱子把做卜筮之書而占者非人皆有見龍之德多是平常人耳故把文言爲証言大人是指九二本爻之人云云然使卜筮之用必神而奇中則凡值此爻之人必有此德之人觀其吉凶悔吝之辭可見矣。

又按九二所謂大人蓋指九五也凡卦言利不利者

皆主本爻而言非自外言之也乾二五相應君臣相遇明良契會之時故二之所謂大人指五而言五之所謂大人指二而言互而言之焉耳王輔嗣說既是如此若夫文言所說者各執本爻論大人之爲君位非爻辭之正意朱子堅從其說以解爻詞不必可信蓋文言之釋爻係卦而泛論其理非如春秋之有傳也亦不可以此爲錯解爻辭也古人之解書如此者多

亂按先儒多以六爻配天人地不必可從雲峯胡氏曰三四人位故三不稱君而稱君子雙湖胡氏曰三四人位非君之所擬皆誤矣文言九四爻下曰中不

在人則專指九三其不以四爲人位明矣且九四明曰在淵則專言在而非人位之可言今九三云云者乾一卦取象于龍除三之外皆言龍蓋龍畜物也或潛或飛而非人類中物故三一爻專言君子乾乾之象括蒼葉氏曰乾乾夕惕非龍之所可爲故以君子言之蓋倒說也

九四

亂按程傳或在淵是一串事著一或字以疑之躍于淵則是就安也朱義則或躍與在淵各自二項事九四之位即是在淵也而未躍矣而躍則向乎天然其進退未定故或之也或之而適其可則無咎也

九五

亂按卦配三才則初二為地三四為人五上為天九五天位故程子曰進位乎天位九二傳曰田地上也三四三畫人位云云皆依此例然易有三才之道者汎言焉耳每爻不必可拘本義則不然肥未十月壯卅

亂按利見大人程子含二意利見有聖人与天下二意大人指二与五朱說如九二例嘗見亦可以上例推之按陸宣句

用九

亂按用九程子以為処乾剛之道首即為物先之意朱子從歐陽子之說為諸陽爻變之通例群龍無首

即諸龜無頭意

歐陽居士集明用曰用九見群龜無首吉者何謂也謂以九而名爻也乾爻七九九變而七無為易道占其變故以其所占者名爻不謂六爻皆常九也曰用九者釋所以不用七也此段定句

用九本義

亂按啓蒙筮法變及四五爻則以不變爻為占非必皆用九而不用七也且乾之群龜無首即坤之牝馬之貞其又似乎相通然坤之利永貞豈乾之元亨利貞乎哉皆可疑之甚

本義本

上彖傳第三

彖卽文王丨丨丨倣此

大哉乾元丨丨丨

此專丨丨

廣義云朱子因古易作本義古易傳自爲傳彖傳卷首有上彖傳三字故有此註附于其旁如系辭上傳易有系辭本謂文王周公所系云〻也今旣不同古易則此註不宜用〻之則所言傳者与凡言傳者之傳字何所指耶

彖曰云云

渝按聖賢之教人常就人事爲言而及天道者甚罕

其言天道亦說福善禍淫之迹徵於人事者而未嘗及陰陽流行之理也唯易曰陰陽消長之變以示人事之進退存亡故彖曰卦辭元亨利貞之言以發明乾元之義曰云云蓋天地之間日月星辰之繫乎上人物草木之列乎下舉皆莫不資是氣以為始故其措詞如此乃言一元陽之氣為万化生生之本也所謂乃統天者是也及至後世必向此上面駕一箇無声無影物以為樞紐根柢則是實淵源乎老莊而非易之本旨矣六經說天莫古於此亦莫明於此唯當以此為宗而不用後世紛紜之說焉統天程傳謂統言天之道也朱子義謂貫天德之始終即所謂偏

言包四之意。戊戌壬十月十日夜灯下草

按廣義石芝刘氏云彖本文王卦辞大哉乾元等語孔子釈卦辞者不當係彖曰字彖曰等係漢鄭氏王氏所加本不必解若解之則當作孔子傳彖之意有曰象曰倣然。

從刘氏説則謂彖曰二字孔子解彖而曰也然謂傳程朱二家本為然模糊本義本无然二字不必枉解

乙未十月安段定句

大明終始

亂按大明終始程傳就六爻而言本義就四徳而言依下文六位章之言傳可從也戊戌同上

按鄭氏易會曰大明終始言乾元之大明亘終始而不息也陽本大本明夫惟大明終始故六位以時成而能乘六龍以御天

首出庶物

瀏按首出庶物二句程子上一句說天道下一句說人道朱子以二句共爲王者之事加程子說則上下二句分析義不相蒙然二句是一串事當從本義說

瀏按乃利貞程傳就天道上言本義就萬物上言戊戌

壬十月八日夕

保合大和

瀏按保合大和程子就天道上說言其沖和不易之

理朱子說万物上說言一物上各含元氣朱子意盖
承上文各正性命說當从本義乙未十月廿五日夕

本義木

上象傳第五

象者〡〡

天行健〡〡〡

天〡〡〡

按廣義朱子因古易作本義因其旧文而書曰上象傳
故有此注附于其旁曰卦之上下兩象者分二体言
二体各一象也此数字爲天行健地勢坤等言曰兩
象之六爻以六爻周公所繫者以兩象包有六爻以

六爻周公所繫之辭只是兩象逐節之義故并認之象也以數字總作一句読為潛龜勿用及履霜堅冰至等而言

大象　小象

經　傳

大象經丨卦之上下兩象 ☰☰ 經　大象傳丨天行健 傳

☰　象曰天行

初九潛　象曰潛龍陽在下也

小象經丨兩象之六爻周公所繫之詞 初九潛龍勿用 經　小象傳丨陽在下也 傳

啟按本義云云卦之上下兩象下當絕句不可連下周公繫之詞也蓋上下兩象無詞直以伏羲之卦畫為經孔子傳之曰大象傳天行健是也兩象六爻周公系之詞以為小象之經潛龜勿用是也孔子傳之曰小象傳陽在下也是也本義不曰孔子傳之旨蒙

> 六十四卦恐當作六十三卦

上彖曰注

又按楓朱子之意大象之經無辭以卦為經小象之經六爻辭是也而不及彖彖者存于彖傳也予謂彖象非復一手之作而象後于彖想當時作彖之人只解卦辭而不及爻辭故象專解爻辭而別就二象說全卦之意不復釋卦辭也然則大象不可必援卦為經也　乙未十月廿日夕

大象

亂按天行健古義曰健當作乾以音相近而誤也六十四卦大象皆舉卦名不忘乾獨舍卦名而別取義近閱經解中所收河南吳仁傑易圖說曰象傳六十三

順　人

卦始於地勢坤終於火在水上未濟皆有卦名獨乾
曰天行健者字書乾一作健豈本作健而傳寫之誤
遂以為健耶乾坤其名也健順其訓也乾健坤順當
一体言之然云天行健則坤當云地勢矣六十四卦
豈容乾獨異於諸卦也哉然說適與先說符但曰古
文書言耳其義益明矣乙巳八月十日

又按程子卦辭為彖釈彖者通称彖六爻辭只称爻
而釈爻辭者称象未嘗謂爻辭為象也觀曰其卦下
此事可考
之象爻下之象可見矣朱子各分經傳
此段先句

大人造也

亂按大造也傳訓造為々言聖人奉業本義訓為

意

作揔文言聖人作万物覩與起之意俱作九五本爻之人為大人此拘于文言之說揔象意則九五利見者九二在下之大人也故曰大人造也正是本爻的文言則別發一義不必相符同古義云造詣也至也引伊尹就湯大公歸周予後閱漢史造作聚因知無步史之亦可翼經也十翼之不出一手亦可就此而弁矣陸德明音義大人造鄭徂早反為也王肅七到反就也至也劉歆父子作聚漢劉向傳作大人聚也師古曰聖王正經臨馭四方則賢人君子皆來見也彖象文言專主義理說未嘗一有涉于卜筮者也本義謂六爻陽皆變而吉恐不免牽強

乙未十月

文言

胤按玩易者須審本經及十翼主意經還經意彖還彖意象還象意文言系辭還文言系辭意各弁其旨而要不混同假借焉經是占辭曰陰陽消長之變示吉凶悔吝之兆彖象二家專就人事示教而無復卜筮之說如乾卦本是吉卦六爻之所値吉凶各可見矣彖推之天道曰大哉乾元而配之聖人功化之極曰首出庶物万國咸寧象則取天行無停機之義而示莊敬日強之教遂爻各存其戒也是彖象二家所說不同亦与卦辭異文言則專就人事上為言不曾說天道且六爻皆做好人說故或曰君子或曰聖人覌其語自可見矣

上

程子通六爻皆做聖人說蓋擬文言而言也乙未十月

按文言古易別為一卷本義因古易卷首有文言傳三字因有注附于其意曰此篇云云元者善之長以下別起一行元者生物之始已下注附于其下修大全時傳義合刊而專從程傳本故本義注致錯襍不明

陸德明音義文言文飾卦下之言也夫子之十翼梁武帝云文言是文王所制

按鄭氏易會曰文謂文王言卽彖爻之辭文言下古本有傳字謂孔子傳述文王所言而推廣之也文言傳故自為一編王弼移附乾坤後猶文言以別之去傳

字遂襲而脫也○明鄧伯濤

澂按乾元亨利貞本是占筮之辭彖移就天道上說曰乾元坤元而未嘗分為四德也文言則析為四德則亦專就人事上為說而未嘗說天道也所謂善之長也等四句及曰君子體仁云云又曰君子行此四德者故曰乾元亨利貞其語意自可弁矣然則以元亨利貞為天之四德彖象文言之所未嘗言而後前諸觧相襲為天之四德亦不深考焉耳乙未十月廿六日

元者善之長

澂按元者善之長也四句程子通下段專做人事說朱子以上四句做天道兼言人事到下節方專為人

元

道說此說覺程傳為長

又按程傳解卦為天之四德故以文言為推之人事本義解卦為占筮之辭而此處亦是人事皆不与天道相關則所謂元亨利貞天道之常者何所憑據彖雖有乾元坤元之說而亦不的分解故本義此處斷著元者生物之始云云於時為春等語然正文不見其義以元亨利貞為天之四德其說断於疏家王輔嗣亦無解云乙巳九月十二日

君子体仁足以長人

亂按程傳解卦辭元亨利貞為乾之四德故曰体乾之仁朱義謂人君以仁為体覺本義當從也

喻

文曰文言上文曰元者善之長也者言衆善之中元為之長也長字屬善此曰体仁足以長人者言足為衆人之長也長字屬人此亦古者說書甚活不滯處乙巳九月十一日

利物足以和義

亂案程傳謂和義乃能利物本義謂利物則義和程傳似倒說予謂君子喻於義小人喻於利義利之不並行也久矣以其利己也故与義反故能利物而後可以与義相和順而不悖故曰利物足以和義

貞固足以幹事

亂案貞固程子以為貞正堅固之義朱子以為智之德以倫仁義礼智之目程子說不可易也蓋聖賢之

立言彼此互舉不必相襲猶醫師之処方衆藥相配以取効也故孔子每言智仁勇中庸言仁義礼至於孟子始兼舉仁義礼智四者不如後世率以仁義礼智信為人之五性也各隨所見立言不同文言曰云云元之為仁亨之為礼利之為義本文已明言之矣至於貞固之為智古注及程子並无其說至本義則云貞者生物之成於時為冬於人為智又曰貞固者知正之所在而固守之云云予謂貞固言人之操守堅固与智之義不相干涉文言曰卦辞配之仁礼義貞自為一解不必強配仁義礼智也 戊戌 壬十月廿四日

彖象朱子必欲以貞固配智而本文無智字故本義

添一知字云知正之所在云云是李無據且知正之所在一句貼負字固守之一句貼固字此自智含二義之說出所引孟子亦然語類云既知又曰弗去有兩義又曰終有始終之義王氏亦有兩賢龜蛇之說此等說最可疑也 戊戌士十月 此段完句

初九曰潛龍勿用

亂按遯世無悶二句還看似重複然遯世無悶人不知而不慍之境至于不見是而無悶則慍于群小憎茲多口之時而尚無不豫之意則益又重矣

亂案文言九六節程子云第二節言用第三節言時第四節言義朱子語類云伊川說乾之用乾之時乾

之義也雖分別到了時似用〻似義又曰看此三段只是聖人反復贊詠乾之德耳又曰聖人只是敷演其義又兼坤句那裏恁地分別卻細當從朱子說 乙未十一月五日

亂按乾六爻辭各明值者之吉凶不必言聖人也文言則皆做聖人說亦玩易之活例也程傳捴文言故卦辭皆解做聖人本義則各隨文爲解當從本義也 戊申五月三日

亂案所謂何謂也子曰者歐陽子謂當取論易師弟之答問其称子者指論師而言古者称子猶後世称先生也不必限孔子也其說得之 戊申五月三日

然

九二曰見竜在田

瀏案善世不伐只是顏子不伐善之事著一世字者見竜在田之時也故下乃曰徳博而化

瀏按然章称利見大人指九二為大人非言九五也盖在爻而言則二之大人指五々之大人指二互而言之同徳相応君臣相遇之象也文言不依卦義別立一義各指本爻之人為大人是非看差經文也古人解經多是如然易中最多程朱二子以文言為直解經文故傳義中殊致紛紜以下做（乙未十月廿五日夕）

瀏按九二中而不正而文言曰竜徳而正中故程子曰在卦之正中然将正字帯說与他爻得位曰正異

例朱子曰正中不潛而未躍之時此通全卦而取中程說覺優 乙未十一月十二日夕

九四曰或躍在淵

淵按程傳或躍字内含在淵字處則未躍于淵也淵則卑於田然離其位而就之故為進也能棲上下無常進退無常互文而言講一或字高蹈遠引独潔其身如沮溺之流是離群也患失乾沒希世求容如穰張之徒是為邪也九四或躍在淵狐疑犹豫進退不决者非此二者之為也盖幼而学之壮而欲行之進德修業乎素所講明而縕畜者久矣欲其及時而措諸事業也故能無外也 己九月十六日午下

也

九五曰飛龍在天

亂按此章叙利見大人指九五爲大人正如九二例聖人作一句貼大人説天下之人快覩聖人之興起也此文言不依爻辭别發一義者非錯解爻辭也扎乙

又按程傳曰言在見前言在見後蓋謂訟之利見大人其立言在未見之先乾之利見大人其立言在既見之後訟望其決斷乾蒙其化故不同也予意易本占書所以決嫌疑定猶豫諸卦中言利不利者皆言值是爻者之利不利三百八十四爻其立言皆在事之前猶後世占書曰某日宜架屋某日宜植木然則訟之利見與乾之利見立言豈容有先後之異文

言外文辞別発一義故曰聖人作而万物覩程子以文言說便為文之本義故有此說 乙未

按程傳況同徳乎指九二大人也同声二句說二五同徳相応水火雲風四句說万物利見九五之大人傳中自可見矣予謂同声以下六句皆為聖人作而万物覩起蓋声気無形水火有形而無心竜虎則動物自上而下從軽到重皆為說聖人発六句一串說為是

亂按本乎天本乎地傳義解異日月星辰不可以物當從本義動物植物之說 乙未十一月念日

又按程傳上応於下二句在二五相應上說上下上

既見下二句在君民相見上說上下上俱指五下字所指不同不可混看蓋程傳解爻兼二意故說此節亦然本義只一意做天下之人見九五大人也本義不可移也

潛龍勿用下也

淯按子之雅言在詩書執礼而曰五十以學易是曰吾欲無言則其意可知已文言自是已下反複重疊無甚異義則其非夫子之親筆亦可見矣

或躍在淵自試也

淯按程傳訓自試為自用是進退自用也試字該進退而言朱義姑試其可本尚書語專主進而言亦當

也

從本義〻 已九月十七日午下

見龍在田天下文明

亂按文是礼樂制度之文明則其燦然處凡經書言文如曰文不益乎夫子之文章煥乎其有文章皆然

厚齋馮氏曰文謂物之鮮榮明謂化之光顯恐不切

又曰九二未位乎上而曰天下文明者何也蓋苟有龍德則雖不位於上而天下既被其化如伊周之事業是也

終日乾〻

亂按程傳終日乾〻以至夕惕是無時不勤也本義九三危懼之故不可不如是之勤也 完句

乾元者始而亨者也

古義曰自乾元者始而亨以下至天下平也六十六字誤攙入于中間詳文勢議論當在于篇首[illegible]胤按此第五節專釋彖曰之義而遂併及六爻也

利貞者性也

胤按利貞者一句為下二句提綱乾始一段是說利大哉一段是說貞程傳解此節為利固得之矣本義此節中具四德為說甚覺牽強丁酉六月十五夕灯下又按莊子知北遊篇天地有大美而不言林氏引文言證之其意相近辛丑二月

大哉乾乎

胤案此二節覆説利貞之義乾始能以美利利天下不言所利者乾之利也剛健中正此乾之貞也蓋正即貞也在他卦則只正而已在乾故曰剛健中正又極其美曰純粹精也程子以爲六德朱子以爲四德不必然也

時乘六龍

胤按雲行雨施二句程傳做風雨時若意解朱義則作譬喻説如時雨化者意覺朱義長

胤案彖象文言其爲孔子之作既不可知而亦非必一手之作也時乘六龍雲行雨施是彖辭豈可復自述文言以釋其義哉各是一人之作可知矣況既爲

皆孔子之作者尤不考焉耳

又按雲行雨施下彖曰品物咸亨此就天道說文言曰天下平也此就人事說所指各不同且彖雲行雨施句在時乘六龍前而文言則互相前後古人解經不必拘泥此亦可見矣乙未定句

君子以成德為行

潤按君子以成德為行此兼善天下之事謂著於事業者焉成德也初九潛隱而未用於世未見成德之行也故曰行而未成與孟子所云成德達材者異矣孟子不拘顯晦泛就成其德者而言文言專以有為做成德說未成之成分明承上文成德字為說傳義

共做尋常成德字解定句

又按君子以成德爲行此二句說君子本分事至潛之爲言方貼本文說蓋指諸事業者成德之行也九二方在側陋未著於事業故云勿用也戊申五月定三日平旦句

君子學以聚之

亂按學以聚之則積之於己問以辨之則資之於人皆所以力學也寬以居之則恒之於身仁以行之則施之於人皆所以修德也文言以此贊美九二之大人也參諸孔孟之言則博文約禮者夫子之所以善誘人以禮對學而言守身之法也知言養氣者孟子之所以不動心知言者學之事也浩然者集義之所

生也以義對学而言不動心之本也然爻以学与仁並言蓋明君人之德也立言雖有異而其意各有所專焉十翼固非夫子之作然質諸孔孟之旨而不謬則不可以其非夫子之言而不尊信若夫学以博才靜以修身者孔明之所自志以靜對学而言不似聖人之言矣乙巳九月十四夕

澍按九二利見大人程子謂見九五之大人也朱子謂見九二之大人然亦爻与占者為賓主之說似乎已見于上矣文言不由爻辭各以本爻之人為大人不必以爻為主之言大人之德耳乙巳九月廿日夕

九三

泓按九三專爲人位觀象特言君子下文曰中不在人可見矣彖言御六爻者從通全卦褒說耳非六爻盡取象于龍也

夫大人者

泓按此一節與中庸贊夫子之德曰辟如天地之無不持載無不覆幬辟如四時之錯行如日月之代明及稱君子之道曰建諸天地而不悖質諸鬼神而無疑其意味一般所謂天地者及指其形體而言而其德云者亦言覆幬之無外持載之不重耳程子云天地者道也尤隨理解而非古人之意矣若然則所謂與天地同德者即與道同德也尤不可曉朱子解中

庸亦用此解盖本程傳來假言天則固可以言道達言天地皆就形体而言也

案與鬼神合其吉凶專就占筮言觀其曰吉凶可見矣中庸質諸鬼神而無疑亦同謂之質謂之無疑則與所謂決嫌疑洪範稽疑意同謂決之於蓍筴也註云造化之迹也中庸亦從此註則謂風雨露雷化迹之可見者尤可疑也所云同吉凶所云質而無疑者竟不可說 庚子 此段完句

亢之為言也

按上言進退存亡得喪而此不言得喪此三代文字得喪自在進退存亡中 乙未 日上

乾終

東齊先生曰
全卦大意貺

坤

今按程子以元亨利牝馬之貞亦解爲四德利字下亦微讀本義則曰利于牝馬之貞此亦可從本義也

君子有攸往

今按君子有攸往傳從彖辭解爲一句本義則蒙下句說此亦可从本義也詳于語類

先迷

今按主利傳意坤主於利物也義意陽義陰利故坤主利也

西南得朋

今按程傳西南得朋一句只是虛語東北喪朋安貞

辞

吉二句一事言陰从陽之吉猶女子從夫而生育也本義西南東北二句平說安貞吉一句蒙上二句安貞程傳各是一事本義安於貞也（乙未十一月九日 以上宜句）按語類伊川說東北喪朋处但不知這处添得許多字否此是用王輔嗣說（此段宜句）

彖曰至哉坤元

亂按坤卦云云（辞）者猶乾之元亨利貞言兼得者其事大亨而利在健順之貞耳未嘗与地道相干涉也彖訓之坤元則別発其義配之乾元取之地道而曰至哉坤元万物資生在乾而言則雲行雨施者天之氣也品物之流形於是乎資始者在坤而言則含弘

光大者地之形也品物之咸亨於是乎資生焉僎以
釋一亨字其言品物者皆承万物字為言乙巳十月五日

坤厚載物

亂案德合无疆猶悠久无疆之謂言無窮也天無窮
地亦无窮然德合无疆也乙巳十月五日

柔順利貞君子攸行

亂案卦辭曰君子有攸往者只是壹句蒙下文為出
行之占象則通上牝馬之貞曰柔順利貞君子攸行
則為踐行之行言君子秉柔順健行之德也

西南得朋

亂案西南得朋四句傳義異同亦与卦辭同本義釋

沒

卦辭只隨文略解到彖則云云卦辭亦當以此意看
語類云西南得朋固是好了東北喪朋亦自不妨爲
有慶坤比乾都是折一半用底又曰就前後言沒了
前一截就四方言殺了東北一截陽却是全体
又按程子意西南得朋雖陰之本然不全是好事必
東北喪朋乃有生育之慶也朱子意西南得朋乃是
好事東北喪朋雖不是好事反之西南則終有慶也
傳義二家其意似相反 乙巳十月十日衣

安貞之吉

亂按安貞之吉云云 程傳人能有安貞之德則應地
道之無疆也朱子義謂地道自有安貞之德二說相近

而差異蓋地道安貞故安貞之人能應之也大抵卦
辞是人事而各取其象則當依程傳也乙巳年十月十日夕

象曰地勢坤

亂按乾坤本是純陽純陰之象不必專為天地故其
德曰健順以無形之物象難卦辭乾曰剛健坤曰柔
順是也象必象物故乾坤配天地乾曰天行健坤曰
地勢坤天陽而屬氣地陰而屬質故天言其健而地
言其厚以象之所以曰厚德載物而不曰順也乙未十
月廿日

亂按傳義敍象俱兼順厚二意為難然以乾健坤順
必要八順意然象只曰厚德載物則當專取厚義而

不必要添須意大抵彖象文言各異其旨不必相吻從前已詳其義矣合併爲説則必致膠擾乙未十一月廿日夕

又按天行之健可知也地勢之順難爲説程傳取順順之意本地不足東南之義本義云高下相因言山川丘陵之勢高卑相乘皆不穩當此文只當從易意而不可必説順意

初六履霜

二程遺書九先儒以六爲老陰八爲少陰固不是介甫以爲進君子而退小人則是聖人旋安排義理也此且定陰陽之數豈使説得義理九六只是取純陰純陽惟六爲純陰只取河圖數見之見六則一陽生

至八便不是純陰

○太陽 ⚌ 九　少陽 ⚎ 七　陰生

○太陽 ⚏ 六　少陰 ⚍ 八　陽生

六二直方大

亂按乾坤純体同德相應与六十二卦陰陽互应者異例而乾与坤亦不同乾九五爲君位而二应之坤陰二爲主故五不應也 丁酉八月廿一日

亂按六二之直方大程傳就地道而言兼以聖人而言不習无不利者乃其无爲自然者也朱義只言坤道亦不必在聖人分上言其異同自可見矣蓋坤是純陰之卦而六二其中正者故系之云直方大然不

以直方併說。然易自說坤道。孟自說浩然之氣。全其事

就地道若人事而言則無所執捉畢竟就地形取象而欲人之行事易直方正且光大也本義自明乙巳十月十六日

又按直方大程傳以為三事与孟子之至大至剛以相類不必可相證也朱子本義云内直外方而又盛大然揔文言言敬義内外之説然文言依卦辭而别発一義者要之本爻只是説三事然象曰六二之動直以方也則直方大三者併説而其所重在直方二者可知矣

象曰六二之動

又按 象曰不習无不利地道光也則光字似説大字象曰含弘光大品物咸亨六三象曰或從王事知光

大也則知光字与大字相通用矣程傳解爲光顯故

上文必虧着直方則大矣一句乙巳十月十六日午下

六三含章

亂按无成有終程傳无成而有終爲处此者之戒朱

義兼无成而有終爲值此者之吉凶丁酉八月廿六日

象曰或從王事

按爻辭有二句象只舉上一句而解其義則并說二

句盖知光大也一句說或從王事無成有終二句也

故程傳詳其例

六四括囊

括囊程傳只作黜晦之義朱義則作謹密隱遁之義

命吾甯武子之愚程子則如此爻説朱子則云智巧之士所避而不為蓋朱子不好是等道理故處處有還就之解

亂按六四括囊程子傳在上下閉陽之時自持以正則必罹毋妄之災故韜晦其智以免於禍此君子處亂世之道甯武子之愚蘧伯玉之卷懷皆是事也朱義重陰不中故或謹事或公位此小人拙非其位之戒觀文言曰天地閉賢人隱則程傳可從也

六五黃裳元吉

亂按程傳坤臣道也而五君位故取黃中下裳之義而存守中而居下之戒朱義此爻有中順之德故系

黄裳之象視諸爻例本義不可易也丙申二月廿五日

又按程傳雖曰臣道君位其意專為婦人居天位之戒故舉女媧氏武氏然為當時宣仁皇后刘氏臨朝聽政而言先儒經解或有演本文寓當時之諫者春秋胡傳最多其說

用六

亂按用六傳義之異与用九同程子言処陰之道朱子示諸陰爻用六之例且坤六爻變者就然而占之也丙申二月廿五

象曰

亂按程傳永貞故大於終本義大小就陰陽而言陰

變而之陽故云大終同上

歐陽明用曰用六利永貞者何謂也謂以六而名爻也坤爻八六〻變而八無爲亦以其占者名爻不謂六爻皆常〻八也曰用六者衆所以不用八也宅句

後得主而有常

亂案傳主下程朱共云脫利字然拠卦辭而言孔疏則云陰主卑退若在事之後不爲物先即得主也然陰之恒理故云有常予謂卦辭云先迷後得主利則不言有常也彖則云先迷失道後順得常則不言主利也文言則云後得主而有常蓋彖解卦辭而文言又演卦辭則文言不必曰主利而其義自備然則解卦

辞得主利亦當觧做得其主而利也陽義陰利易中亦无明證况後得主而有常与下含万物而化光其句法相偶押韻不必煩添利字但孔疏陰主卑退理覺不安恐得主當作得其所主之義与下西南得朋之得同 乙巳十月卅日夕

積善之家

滄按蓋言順也程子取順長之義言其以漸而長也朱子釋慎字之誤於詔下章又言蓋言謹也當掇程子依舊 丙申壬二月六日灯下私句

孔疏曰順習陰惡之道積微而不已乃致此弑害又曰陰主柔順積柔不已乃終至禍乱故特於坤之初

六二之欲戒其防柔弱之初然說覺牽強 私句

直其正也

胤按文言曰爻辭直方大之義而以敬義二字發明之敬持身之正也義者制事之方也上言正而下言敬者敬屬工夫而正屬效驗敬則正也直方大從卦辭則各是三事文言則只是直方二事大言其德之盛也德不孤字貼大字說 己亥上元前一日

鄭氏傳解曰鄭氏志完謂正當作敬按礼深衣稱直其政盖敬訛為政政又訛為正也○按古文字不貼貼而意自到若改曰敬則只是釋述上文却覺無味不如從舊 辛亥四月九日 私句

亂案程傳義形於外非在外也宋学以仁義為性之理恐人認義以方外為告子義外之說故必著此語古人所云敬也義也皆就人人行事為言故言方外其意自明固不可做在內而形外看亦不須防流於義外之見 庚子十一月十五日平野論 私句

陰雖有美（臣道）

亂按地道妻道臣道三者併說而地是坤之象故此此章專言地之道而妻道臣道自可知也程傳專言臣道以卦辭或從王事人臣之事也 乙巳十月廿日夕

天地變化

亂按天地變化草本蕃則知天地閉隔則草本之萎

辭天地閉賢人隱則知天地開泰則賢者之彙征上二句首下二句々々々首上二句交錯互言其義自明上之天地言天地下之天地就君臣分上言蓋言賢者処乱世遜言以免禍無譽於前無毀於後此括囊之事也 乙巳十月廿日

君子黄中通理

亂按黄中有二義有中正之中有中外之中傳義註文曰黄中色則是中正之中專主五而言此本於左氏惠伯之言文言之黄中通理亦然象曰文在中也文言曰美在其中則是中外之中正是彌中彪外之謂須當活看不可拘執 丁酉九月十七日

正位居體

衡按正位，程傳五在坤，故不言尊位而曰正位；朱子義則直做尊位解。戊申八月廿三日

按程傳云：卦全純陰，恐疑無陽，故稱龍，則龍戰之龍指坤也。又曰：見其与陽戰也，則亦似指乾。本義只一意專就坤而言。玩本文既謂之龍戰，則彼此俱龍，在坤而言則專主坤而言，而所与戰之龍可從知矣。本義蓋明。丁酉九月十七日

以上私句

坤經

屯

全卦大意此卦內震外坎以卦體震而遇坎故名卦為屯也以卦德動於險中卦象雷雨之盈而系辭也大象專就雷雨而取經綸之義序卦則別取鬱結盈塞之義各自不同程傳以二象亦為各卦之義動於險中為屯之義未穩貼本義隨文成解自可見也按程傳震始交於下云云震一陽交于二陰下坎一陽交于二陰之中主陽言者震坎皆陽卦也

屯元亨

按元亨程意以為屯則必通亦往不復故云屯有大亨之道朱意以為震之能動有亨屯之才

建侯程子則爲人君封建之象朱子則爲臣下立君之象

彖曰屯剛柔

劉槩二字程子取震坎二象朱子承乾坤二卦言曰始交則覺朱義長

動乎險中

按動乎險中程子彖上文說解卦辭朱子屬下文說致亨貞之由

大亨貞

按大亨貞一句朱子彖上文程子接下文貼雷雨之動說雷雨滿盈竟非好事且彖辭皆押句大亨貞與上

之生下之盈吖當從本義、以上一定句

雷雨之動

胤按雷雨之動滿盈程子蒙上文大亨貞句言陰陽之通暢和洽與雷雨解之義爲相近朱子屬下文天造草昧言雷雨晦冥塞于兩間猶詩古註風雨晦冥雞鳴不已古註以爲亂世之兆較此二説程子以爲好事朱子以爲凶事其意正相反説雲雷則雷雨非有和洽之兆也當從朱義

按本義云自此以下釈元亨利貞云云乾元亨利貞彖傳及文言則解爲四徳則非文王本意此以下彖傳所説乃從文王本意、右句

干

按程傳滿盈天地之間句蒙下文指萬物也若爲雷雨之盈則与上文盈塞于天地之間者矛盾矣猶乾之雲行雨施品物流形也

天造草昧

彖曰本叙卦下辞豈有亨貞解天地生物而天造草昧說時事哉蓋彖象序卦各自爲義而互不相襲程子挽序卦而説彖故致如此

按詩風雨晦冥其鷄鳴不已古之說詩者爲乱世之象朱子之解雷雨滿盈蓋其意也

達侯朱義解与前後不同而曰姑存其一者上雷雨草昧等不与初九爻相干也

象曰雲雷屯

澂按傳曰坎不云雨者擬雷雨解及雷雨之動滿盈而言也本義曰坎不言水者以諸卦大象多取於水也丁酉九月廿一日夜

按程傳中經綸緝四字成文解本文經綸二字蒙引經與綸正相反如何以經當綸蓋誤矣旧点經綸字下点一豆適如蒙引之謬 以上私句

初九磐桓

澂按建侯程傳為封建諸侯自輔助之義方屯於下非君位也故但取其義耳本義取自建為侯之義與卦辭其例亦不同擬象之志行正也則本義覺確丁酉

九月廿一日

象曰雖磐桓

正貞字相通志行正三字解居貞也

以貴下賤

利建侯三字程子從彖傳意朱子從象傳意以貴下賤二句分明解爻辞利建侯則此处傳不可如此意

程子只隨文解成不及此

六二

亂按乘馬班如程子爲分布之義取下馬則人馬異处之意朱子只云分布不進之皃蓋衆人分散而不皆進也皆訓班爲分了則謂班如班師之班蓋言還

也乘馬欲進而却還中上乇如邅如之義（朒坤汪二、朒坤汪三）
又按匪寇——程子謂非初九之寇我非理妄求則
与六五正應婚媾朱子初九非与我爲寇乃求与己
婚媾也貞不字程子耴字育之義朱子從耿南仲說
耴許嫁而笄之義乃名字之字（同上）
按本義中字許嫁也本耿南仲說◯故爲一句解爻
辞乇如邅如八字

六四

亂按乘馬班如乇一卦中三言之皆隂爻也二四亦
言婚媾益知婦人既嫁而大歸也且古者言乘駟乘
馬皆以馬駕車非单騎也訓班爲分布之義云人馬

異処性不能進尤覺不穏易本義書婚宦人之所必詢吉凶故易中多説出処婚姻然亦可見也甲寅三月十日

九五

亂按小貞吉大貞凶程傳謂當亂之時以漸正之則吉遽而正之則凶也本義謂小事則貞而吉大事則雖貞而凶也易之為教觀可而動屈伸隨時當從程子之説本義豈有所嫌乎然而改之歟丁酉十月七日

屯終

蒙

全卦大意以卦卦体内坎外艮九二為主爻卦象山下有險卦徳險而止曰名卦為蒙也以卦体二五相應及九二剛中而系辞也大象則以山下出泉取果行育徳之象也彖与象取義稍異程子併而取之朱子别而説之朱子可從也

蒙亨匪我求

亂按初筮告程子謂占决也非卜筮之筮也本義直做卜筮比之原巫亦然○初筮告己下四句程子専為發蒙人説只是一意朱子合二意本義中説視可否而応之者明者之告蒙也致精一而扣之者蒙者

之賴明也故有筮者明時之說亨在人者明者也亨在我者時者也養良蒙以正者明者也自養以正者時者也盖朱子以易爲卜筮之書而筮者亦不一樣而有明時賢愚之别故設此二端以相通耳猶乾之二五爻與占者相爲賓主也 私

蒙亨以亨行

濫按時中程子分爲二事時謂得君中謂處中本義謂得時之中只是一事 己亥二月十八日夕 口上

初筮告以剛中也

濫按以剛中也程傳以剛中之道告之也本義以有剛中之徳故告之有節也以他爻例推之下一句各

釈上一句當从本義也 丁酉十月

瀜按蒙以養正程傳泛言蒙養之當正通二上而言本義專主九二一爻而言亦当從本義也 丁酉十月十六日夕

蒙以養正

象曰山下出泉

瀜按程子彖象合說故解象曰未有所行然拟彖之險而止而說朱子專取行而有漸之義不復依彖說然亦可從本義也

初六

說桎梏程傳以為除去昏蒙之義只是譬喻說朱義痛懲二字點刑人暫舍字點說桎梏解只是寬宥之

意以下往吝覌之則於義爲優況上有刑人字則下桎
梏字直承上爲言不可别取其義也
困地記云東北喪朋乃終有慶程傳之義爲精用說
桎梏覺得本義尤與上下文相照年來深喜讀易但
際切宜致思

亂按發蒙程謂下民之蒙本義謂極愚之蒙程子亦
取蒙之初之義 己亥春 以下定今

象曰利用

亂按象曰解程朱俱取蒙初之義不與卦同 乙亥

九二

亂按納婦程子以爲納婦人之善朱子以爲納婦之

象朱子意以陽受陰故有納婦之占然以九二為夫也予謂易本占筮之辭故筮遇九二者利納婦猶遇六三者之不利取女也六三不中不正女之妄動者故曰勿用取女然則九二之納婦吉亦以中德相應自有然象者以義取之則君之使臣夫之納婦須因包蒙之人以賴其輔助解納婦二字為納婦人之善尤不周遺

六三

亂按金夫程傳就九二而言本義泛指多金之人不必指九二也无攸利程傳就婦人身上而言本義則謂取女者之無所利也 丁酉

六三

澂按金夫程傳就九二而言本義泛指多金之人不必指九二也无攸利程傳就婦人身上而言本義則謂取女者之無所利也 丁酉

象曰勿用

按荀子脩身篇云術順墨而精雜汙註云順墨當作愼墨本義注內皆云荀子愼墨作順墨

象曰困蒙之吝

澂按蒙卦四陰或承或乘皆比于陽唯六四一爻於二上二陽爻皆隔一爻故曰獨遠實也 丁酉

上九

亂按蒙卦二陽四陰，二陽治蒙，四陰處蒙，程傳前已言之，故九二之包蒙、上九之擊蒙，皆非已之蒙，治人之蒙也。今程傳乃曰：九居蒙之終，是當蒙極之時，當擊伐之。然則上九之蒙爲人所擊也，與前矛盾。至下文乃云治人之蒙乃禦寇也，則一傳之中亦自相牴牾，當從本義爲正。辛巳六月廿七日書

亂按九既陽爻，則不應自蒙，而當擊人之蒙，唯其剛極不中，故戒其不利爲寇。

亂按程傳解上九專爲討伐之義，然曰爲寇等等爲解；本義則爲教誨之事，然曰卦之爲蒙也，取必攻治等三句，貼不利爲寇；外誘蒙純四句，貼利禦寇。予謂

卦全名蒙通考諸爻有刑人納婦取女等象則此爻亦不必解爲訓蒙之事當從程傳丁酉季冬

象曰利用禦寇上下順也按上下順也程傳解爲寬猛之中輕重之宜本義則做上下之人本義覓穩同上

蒙終

需

全卦大意　此卦坎上乾下以乾剛之体遇坎險而不得進有需待之象故以名卦也以九五中正及下体有乾而系卦詞也大象則就二象以雲上於天取待時燕樂之義也程子専取大象序卦之說以彖爲別說不如本義専拠彖說之可從也〇需卦險爲之阻故須待者彖傳之意雲上於天有飲食之道者象傳之意序卦亦出於此其取義各自不同不可不弁別焉　〇以下宅弘勻

柳

需有孚光亨

程子之意九五固中正九二中而不正設曰中正則

專係九五而不兼九二故欲該九二而曰正中也予謂然亦便韻耳無異義也況曰位乎天位則專就九五而言可知矣壬辰

象曰需于泥

亂按本義占外之占疑語類當作占外之意

六四需于血

亂按出自穴程以爲失其所安然以爲脱于險中以二義校之本義爲明出自穴三字然非不好字面且象辭曰順以聽也蓋言雖有需于血之象而得出自穴者以其柔順聽從也且程傳中順以從時不競於險難二句是帶象傳意膽解一出字然既失其所安

則不可謂之不至於凶也意欠明瑩當從本義定句

上六入于穴

淪按四之出自穴程子以為失其居故上六之入于穴為安其処朱子以出自穴為出於傷地故入于穴為陷而入穴之象以二説校之大抵卦之上爻多不好况居于険之極尤有不安之象則入于穴為凶象可知矣程子謂在需之極久而渇矣恐未必然盖需之為言待于事之未到事既結果則無復有需上爻是也故今從本義

象曰不速之客來

淪按程子所謂在上者上下之上言臨爻在諸爻之

上也本義所謂上者謂上六之上今觀本文有雖字

程說當从

需論

訟

全卦大意

此卦坎下乾上故有上剛險下險〻而健之徒彖以此釈名卦之義而以卦体卦変二五得正上九過剛系之卦辞也本義專拠此為解大象則以天水相違之義取謀始之象也程傳專拠大象為本説以彖辭為別説本義可從也○在全卦則二者訟者也五者聽訟者也在各爻則五固決訟自餘皆訟者也 ○以下並同

亂按程傳不曰坎下乾上而曰乾上坎下者非例也拠大象之天水違行而先天後水也

訟有孚

按彖辞上六字主九二言下二字主上九言

亂按中吉二字傳義俱就九二而言唯義拠彖之剛來而做卦变說故傳解彖亦不做卦変終出程子泛而言之本義。拠上九過剛而言利見大人傳義俱就九五而言不利涉大川程傳拠内卦坎險而言本義取以乾乘險之義也共可從本義也

按本義云於卦変自遯而來䷠遯䷅訟語類云四陽二陰自遯而來者十四卦訟乃初変之卦又曰訟卦本是遯卦変來遯之六二上爲訟之六三其九三下爲九二乃爲訟卦

困知記云刘保斎於卦德卦体卦象從朱子卦変從

程子其義甚精蓋亦因其言之不一而求以歸于至一可謂篤於尊信程朱者矣

彖曰訟上剛

瀓按此一節程子二句平說無別本義分二句為上制其下下伺其上之義尤是不然則健與剛既無分別且二句重複其意不明

訟有孚窒

瀓按上剛而下險訟之所以作卦之所名以此也内險而外健訟者之情狀卦之所以系辭者自訟者而言故再出卦名下一句唯解卦辭而不及卦名也

瀓按程傳成卦之由者此卦九二剛中為訟有孚之

象以朱子所謂卦体也程傳以卦之得名李以上剛下險及天水違行也剛以九二剛中為成卦之由而系中吉之辞也故彖傳以卦變為說曰剛來而得中也六十四卦之中無不有卦變然不取成卦之由者彖不言卦變也

終凶

傳只泛言不可極訟義專貼上九一爻說

象曰天与水

違按以曰卦存戒非取法卦象也○天水違行傳義共云天上地下有其行相違之象也小注内亀山楊氏曰天左旋而水東注違行也作事至於違行而後謀

卦文雜辭

之則無及矣此說与傳義異矣然最可取也天行而西水行而東此違行也正文謂之違行則就其運行上言可知矣以天為氣上亦未穩龜山在朱子之先而不取者何哉壬辰五月

近思錄中引程傳葉采解天水違行則專取龜山說

○愼交結者交者交割之義謂交收田園器物結者結正也平岩曰交結者朋友親戚也誤矣与明契券对說可見矣

初六

亂按程傳以上有九四正應且於卦初発不可長之例本義並无此意唯取柔而居下一義耳己酉九月十七日

象曰不永

亂按程傳解不可長爲二意一曰卦才爲戒一曰爻初爲戒

九二

傳以爲二與五應而以其九而與五爲敵故不克訟義則謂九之陽剛本欲訟者以居二之柔故不克訟今按二五位也九六象也當從程傳

自下訟上

卦只言無眚象云患至掇者蓋反說以明主意言不如此則必遇禍患也 以上定句

或從王事

或從一句程氏呂爲已不主事朱子呂爲必無成功
蓋食旧德貞中既含不專主之意至終吉六三之象
終下起一或字蓋或之也若從程子說与上重複且
或字無下落処當從本義

九四

亂按復即命程傳依克已復礼做解故解命爲正理
与曰天命其意稍異 丁酉

九五

亂按本義云訟而有理云云蓋非理而訟者或值此
爻亦與其元吉故必著此一句也然使卜筮必信耶
非理之人必不遇此兆而未必可定故特著此一句

此程傳從義理之所以可尚也丁酉臘月六

原本九行二十字紙數六十今為十七行二十字

四十七丁

天明二年壬寅四月佐々木恭宅書写古義堂

訖終　同九日校終

周易傳義考異卷之二

師

全卦大意此卦九二一陽為衆陰之主有將師之象故名卦為師又系之辭也以九二爻及卦德又系卦辭也大象別発地中有水之象明容衆之義各会其異可矣若混說則昧矣在全卦則二統諸陰而為將在各爻則初上举始終之義六五命將之君也自餘諸爻皆將也

師貞丈人吉

濵按師貞二字易之本意固如傳義之說姑擬彖曰則師貞二字連讀以衆而正不正也猶乾元亨之辭

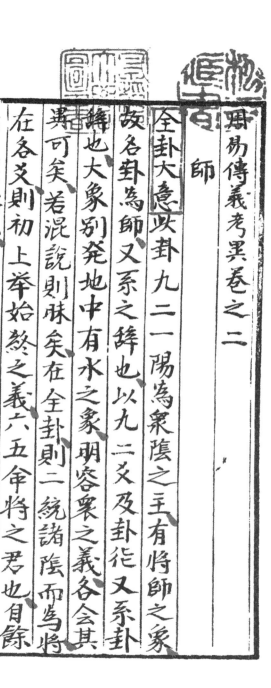

謂

彖釈曰大哉乾元也古人觧書圓活不滞變通自在率如此、此段是句

能以衆正

程子曰能使衆人帰正所謂衆在彼之辞朱子謂能以所率之衆而正人所謂衆在我之辞蓋程子硬回卦辞師貞為師出以正必帯其意説既正己而亦使衆正然卦爻彖象各取其義不必相襲則在卦為衆正之義在彖為正衆之義亦不相妨当従本義孟子所云各欲正己也之意 癸卯六月十日

以此毒天下

乱按以此以下帖上文剛中而応二句説以此往而

與師也本義解自可見矣程傳做東征西怨王者之師亦然意帶上文來說戊戌二月私句

象曰地中

民之与衆汎言則一也在師之卦則民則庶民也衆則士衆也

初六師出

師之初上就出師之終始言不若他卦之以位爲言也傳義共然程傳分出師行師二項出師言起兵之是非行師言用兵之得失本義只就用兵上而言本義所謂出師之道只是程傳行師也今審本文所謂律也者謂軍與兵之号令節制也非以起兵之合義爲

○爲

律也若夫不義起兵所不命也其義兵中有律不律故有否臧之戒○否臧凶三字程子於否字下微讀本義則否臧二字相連

左宣十二年知莊子曰云云杜預曰律法否不也墺子遂命不順成故應不臧之凶○杜氏亦作不看

九二在師中

語類在師中吉言以剛中之德在師中所以吉

亂按在師中吉程子在師而得中之義本義無明解拠語類蓋爲在軍中之義哉

六三師或

亂按輿尸二字程子以爲將多權分之象朱子以爲師

子

敗載屍之義覺朱義爲長程子所以必如此解者以人六五長師師弟子輿尸參用他人而別將權之義以輿尸爲衆主然於本文字面既不穩帖且如此說則是六五之象而非六三之象也古注雖無明訓而曰有輿尸之凶則與本義同

六五田有禽

周易舉正云師六五田有禽利執之无咎之字誤作言以下私句

利執言程子於言字下句絕執言者言奉辭以致代也朱子於執字下句絕言字只是助辭屬下句利執者言利執縛禽獸也長子程朱共指九二 弟子程子

三

謂凡非長者也朱子專指三四大畧相同與尸傳義
之異如六三
象曰長子帥師
語類問程傳云云夫以九之居二中則是矣豈得為
正曰然只是錯了一字耳莫要泥他
上六大君有命
亂邦小人勿用程傳云勿用小人朱義云小人勿用
然自當從程傳　癸卯六月

其字下恐当脫文字

原二卜去

比

全卦大意 以卦体九五一陽為主爻五陰比之故名為比也其系卦辭亦然大象以地中有水取封建之象也朱子各從其解程子則以大象為主說而以彖為旁說也

比吉原筮

凡易中筮字程子則作推原占決解加象之初筮及原筮皆然朱子則直做卜筮說今審易本旨固如朱子之說然以易為義理書則程子之言亦不可非也

○原字本義作再解如原蚕原廟之義古注云原窮其情筮決其意則原字在彼筮字屬已蓋在傳義二

四

說之間

不寧方來

後夫凶程子則曰後則雖丈夫亦凶矣朱子則曰左氏有前夫之言謂後夫只是後來者九五既爲衆陰所歸若後面更添一箇陽來則必凶後夫猶言後人也疏則以夫爲語辭一說以夫爲丈夫謂後來之人也蓋如朱子之說傳義二說不知其孰多大全中雲峯一說後夫指上一陰而言以其道窮也爲證亦非無理然以陰爲夫覺未穩在

程子之說比上下互而言之然上一節重在上之比下下一節重在下之比上朱子則合二節做下之比

上看九五有顯比之象則上之比下亦非無理從本義說則後夫凶之凶為九五本爻之凶反而覌之則後夫之凶耳 同上

彖曰比吉也

胤按比吉也本義以為衍文蓋因下有比輔也句疑其重複予謂卦辭明云比吉故彖辭之云比吉也而比輔也二句發其所以吉之義謂相親輔而下順從也不當作羨文程子傳自可見矣 癸卯六月 同上

原筮元永貞

本義則從彖以九五之剛中解卦辭元永貞程傳解卦辭不由元永貞之義從言比道也然亦可從本義

五

也

不寧方来

上下應程子則上下与五互相應也朱子則上下五陰之應九五也觀其曰方来則朱子義不可違也

有孚盈缶

亂按盈缶程子取質素不如文飾之義朱子只取充实之義

六二

本義不兼由己之義

六四

外比謂九五非謂六四自外比之也若做六四自外

比則其辭當如六二比之自內小注王氏說六四自外卦比之非矣

九五

顯比程子意上之比下朱子意下之比上蓋程子九五比五陰〻〻比九五故其辭卦辭互而用之朱子則比之一卦皆做自下比上故解顯比亦曰群陰來比然卦事也爻位也三四自有三四之比九五則有九五之比不可牢拘皆下之比上也九五之顯比蓋比道之在九五者也況大象所說建万国親諸侯固有上之比下象乎然爻當從程子所說也

邑人不誡程子意以為期約之到情之所孚也聖人

至公之心遠近如一不偏詳於其近而忽於其遠盖人情之私欲其子弟僕隸之勝於人者必致禁戒期約之繁然其私心之所致也非顯比之道也朱子意上之情通於下金邑人私屬亦自喻九五之意不相警備欲盡物也大全進齋一說則亦与然異焉不留人而人自帰之意

象曰顯比之吉

亂按象云中正或云正中便句耳非有異義也隨象亦然癸卯七月

舍逆取順

舉正云比九五象曰失前禽舍逆取順也今誤倒其

句、然私勺

上六

程子所謂首謂凡事之始亦不指卦之初六也朱子所謂首即終也專就上六爻上取義也子夏曰有始有卒者其惟聖人乎詩曰靡不有初鮮克有終上六之無終由始之無首也故於此致戒云程傳之意蓋如此或引乾之用九無首爲證乎此不相涉

小畜

全卦大意　此卦六四爲主爻以一陰畜止衆陽故名爲小畜以卦從健而巽及二五剛中而系之辭也彖文自可見矣程子以巽順畜乾剛爲名卦之正說此彖之所不言而以一陰畜衆陽爲旁說本義亦然凡解卦爻者只當從彖意也

畜之次比有二義一人之相畜二志之相畜○小畜之成卦程傳合二義一陰畜五陽是彖之所說以巽之柔順畜乾之剛健此彖之所不言大象中取風行天上之象則本二体爲說然不見以柔畜剛之意○畜之爲小程傳具二意以小畜大是一義所畜之小

是一義觀彖曰則可主前說本義同然 以上二段完句

小畜亨

密雲二句程子取成卦之義故以自我爲揔四而言本義直就卦之材而言故以我爲文王之称以二說較之本義爲優何者小畜亨者若取成卦爲說則說不通彖中明言志行乃亨可見雖密雲不雨終必亨也

程傳不解亨字彖傳中見之曰才如是故畜雖小而能亨也 又二段完句

本義内健外巽數句揔彖傳爲解非以巽畜乾之義也蓋内有剛健之性而外有巽順之和所謂直而溫

寬而栗者、与内並外厉之小人正相反、此小畜之才

也、非成卦之由、不可混看、寬曰看懋看字

本義巽亦已下、解巽之始見也、小陰已下、釈小畜之

名義也、内健已下、專釈卦辞也、解卦辞專取卦之才

為説、而不取成卦之義、以陰畜陽之説、不可混來密

雲不雨、只為剛中之人、其志不施行之象、而必言陰

物陰方者、蓋剛中之人、其施未行、則属陰也、此段以下五段亦紅勾

彖曰小畜柔得位

本義柔得位者、只以四言、而不帶处上位意、此与程

子異、

亂楼程傳重卦名当作重名卦、誤倒也、重名卦如大

九

壮家人明夷是也下曰彖名卦可見
彖辭成卦之義而加曰字者皆重名卦恐未必然六
十四卦只十七卦重名加曰字者纔四卦而已恐不
可以此爲例也竊按凡加曰字名卦義与卦才異者
何名今只從先儒之說爲伏羲畫卦文王演辭說卦
之所以名小畜者以其柔得位而上下應之也文王
系之辭曰亨則不在此以其健而巽剛中志行也故
上加曰字下加乃字其意可見然讀小畜卦辭彖辭
則只就卦之才而說而成卦之義不少及之可矣程
子以成卦之義解卦辭亦以解大象所以紛紜難看
朱子於解卦之下載陰畜陽之說至解卦辭則只以

卦之才言尤是大全蒙引中述本義皆混于程說語類中密雲不雨下亦有陰畜陽蓋朱子未定之見仍程說耳編大全蒙引名亦不察之漫收入之啓後人之惑也故說本義者陰畜陽之說彖辭中不論及可矣

健而巽

剛中程合二義二五居中有剛而得中之義又有中剛之義朱則取剛处中一義觀上注可見

彖曰前節以卦德解卦之名義此節以卦德釋卦辭亨一字也健而巽卦德也剛中已下卦体也本義可見矣程傳言畜陽則以柔巽此上節事言能亨

則由剛中然節專健而巽一句程子説無落着○本義如此然每言取卦辞而今云云者語類云凡言亨皆是説陽到得説陰処便分曉説道小人吉故如此云云

象曰風行天上

凡謂之象者説上下二象取其義不必拘拘於卦之名義所以謂之象故或曰山下出泉或曰雲雷或曰風行天上其文辞各異蓋有意於取義也先儒不弁其旨槩以卦名或象之道理觧説所以不得經之本旨蓋風行天上者周遍被及之象故聖人取譬言四方風動君子之德風皆然君子懿文徳似之故云云

程子彖順畜止之說既不相關又變畜止之義為蘊畜之義云文章才藝畜之小者也然古文書曰修其文德子曰遠人不來則修文德以來之則所謂道德經綸之事可謂之畜之小者哉若從本義之說則曰風有氣而無質能畜而不能久然擬以說則凡卦之言巽體者皆可謂之小畜蓋不得其說從而為之辭者乎此所關于家庭僭越漫錄蓋風行天上有聖人道化之遠鼓動天下之象故君子以懿文德

初九復自道

亂按若程傳則凡乾体者之初九孰無復自道之象必不可無本義許多說話二段是句

九二牽復吉

瀷按牽復程子以為二與五牽連朱子以為二與初牽連覽本義為長凡言復者失其本位而欲反之謂陽固以上為復九五剛中正固得其所不待言復也為四所畜凡五陽皆然不特九五也況是成卦之義而不與交相涉若初九有復自道之象而二與之隣接則其相牽連而復亦宜

九三輿說輻

易畧例輻音福本亦作輹音服馬云車下縛也鄭云伏兔○字彙易小畜九三丨丨丨大畜九二丨丨輹輻二字本相通○大全平菴項氏曰輻車輪也輹車

軸轉也輻以利輪之轉輹以利軸之轉然輻無說理必輪破轂裂而後可說若輹則有說𠬧車不行則說之矣大畜大壯皆作輹字○大畜〡〡畧例云輹音服又音福蜀才本同或作輻一云車旁作复音服車下縛也作畐者音福老子所云三十輻共一轂是也釈名云轐似人屐又曰伏兔在軸上似之又曰輹伏於軸上○蔡虛斎曰輻与輹不同輻車輪之轑也輹車上伏兔也輻重於輹盖説輻者為陰所繫畜久住之計也說輹者自止而不進暫住之意也○

亂按輻字有二義一車輪之轑所謂輪輻三十以象日月者是也一与輹通用或為伏兔之義或為車下縛

今云輿ㄧㄧ者與輹字通用與大畜大壯所言本無異義與車輹之義不甚相關傳義之意本亦如此小畜語類既有作輹者平庵所說固是但利車之輹者未穩似是認傳為輹蔡氏以輻輹分暫久之義可謂甚謬矣 甲戌三月五日謹

九五有孚攣如 下二段宜句

攣如程傳做攣連之義本義做攣固之義其講程傳指初二三上四陽爻本義指承乘二陽爻不知孰優

○程傳君子已下說經之餘意言群邪則似指衆陰在小畜則指六四一爻此非經之正意故不相妨

上九

陽按尚徙載傳謂四用柔徙積滿而成也陰自尚其徙也本義拠九而言九尚陰徙而積滿而然也陽尚陰徙也自九而言盡從本義也 癸卯八月八日

圖以上云
私句

履

全卦大意 此卦之名義彖曰柔履剛也程子拠此以謂以兌柔為乾剛所履朱子以謂以兌柔追躡乾剛之後予則謂彖言剛柔者多就一爻而言或乾或称剛而未有以兌称柔者也且諸卦多陰陽只一爻者為主此卦六三只一陰躡三剛之後故得名也而卦辭則以兌遇乾而系之也大象則別発二象発履礼之義也程子以大象為正説而以彖為旁説者何哉不如朱義之可從也〇在全卦則取柔履剛之義在各爻則各就所履而取義也〇履之名卦大象取其上天下沢之義說辨上下定民志之象則固有礼之

意然只就上下二象言耳若直以履為礼則自序卦

意彖象序卦所指不同各同其同各異其異可矣乞

儒以十翼為尽孔子之書混合無別不可不察

履虎尾

亂按程子說履含三義既有履藉之意又有履行之

意又有踏著之意其意不明且履虎尾二句只取譬

于履危而無害之義而不須内兌外乾之象然彖曰

說而應乎乾分明以應乾字貼履虎尾以說一字貼不

咥人且履虎尾明解卦之為履程子只做履危地則

与彖藉于剛之義不相干又以大象天沢之說合解

故尤見紛紜不若朱義之簡精履亦為追躡之義近

于踐迹踐形之意

瀏按履是卦名連接履虎尾兼於上下非以履虎尾之履畧卦名也彖曰并傳義之說亦如此也

瀏按履之所以得名以柔履剛而固無履虎尾之義卦辭之所以曰亨者以其說而應乾也金皆就二象言而所主稍異彖曰分解二節本義分卦体卦德為此故也

彖曰履柔履剛也

瀏按柔履剛程子則謂兌為乾所履朱子則謂以兌履乾今以上下兩象之分言則程傳似穩然彖言履虎尾則分明有履剛之意是非為虎尾所履之義語

類云以陰隨陽是隨後隨他如踏他脚迹相似程子
蓋拘上下之分只当從本義

剛中正履帝位

亂按柔得位而上下應之曰小畜則主六四一爻以
卦之所以得名彖傳則言健而巽則別取二卦之義
柔履剛名之曰履則由内外卦体而彖傳言剛中正
之光明則指九五二卦之例不同
亂按剛中正一句彖曰外卦爻之辞別發一義贊九
五之中正耳且履字只作践阼之義不預卦名雲峯
胡氏曰釋彖已畢文於此專指九五以推廣其義猶
乾坤文言也得之矣蒙引諸説紛紜尤見贅疣

此段当先句

初九素履

按程傳云云小畜寡也履不處也（雜卦傳）〇本義不處行進之義

亂按独行願之独当如独善其身之独程子解彼專一之義覺甚費力〇文載本家語子貢之言

象曰素履之往

六三

亂按蒙引六三不中不正九四亦不中不正然六三柔而志剛九四剛而能柔吉凶之所以異小注胡氏說既有此意今观文辞六三既曰眇能視跛能履而後曰履虎尾九四上曰履虎尾而下曰愬愬此措

辞之先後亦可見吉凶之所以分矣○象占既畢而又曰武人為于大君者蓋六三取象于眇跛則恐人之見之者為委靡衰頽之人蓋不然也武暴之人犯上作乱肆其狂悖可謂剛矣然不學無術無遠大之識則無得圖象而不能保之是亦眇跛焉耳故曰云云象故曰志剛也

程傳曰不善履云云蓋不善履者能履也解本文能履之字作不善履蓋能與善為異不善能視者省文也

又按履虎尾程子無取象唯曰履危地朱子以履乾而言

二段完句

九四履虎尾

亂按履虎尾卦爻中凡三見程傳皆觧爲履危地而不取象九四之履虎尾雖在九五剛决之下亦不指九五爲虎尾也衆説句

亂按四雖近而不處此句尤難觧蓋言雖近君多懼之地而志在於行而不處其才有爲之人也蓋雖剛而志柔善中之悪雖近而不處凶中之吉是非相半者故由愬々之懼而得終吉也○又曰雖近而不処蓋居可懼之地而有欲爲之志者不処二字看下象曰注可看

九五

澂按九五之不疚光明彖傳中就成卦贊其剛中正之得位耳卦爻不可一㮣看就爻而言則有夬履貞厲之象不可言光明也語類中嘗有問之者朱子唯荅夬履之義而不明所以相通之意

象曰元吉在上

澂按象曰不言其旋元吉而曰元吉在上者蓋卦之上爻多亢極之懼而今有其旋之吉者乃慶之大者程子之意亦如此本義云云恐非象之本旨大抵彖象二家皆就事實明其得失而不一及卜筮也本義帶卜筮來解象曰者非矣若拠此說則只解元吉之為大慶耳尤無意味○又曰六十四卦上爻曰元吉

者履与井耳井之上六象曰元吉在上大成也可合看大有慶与大成無異使韻耳

一六

外

泰

全卦大意　此卦乾下坤上天地交泰之象与否正相反故名卦曰泰而系之詞也彖亦因内外之卦位專言君子之事大象則言治泰之道此亦卦变与否互相往来否之内坤上而居外乾下而居内故曰小往大来程傳無其説朱子謂又自歸妹来只当從一義

●卦变圖傳義本備

泰小往大来

亂按内外与上下不同上下取往来交泰之義内外取各得其所之義解卦辞者只取上下交泰之義可矣内外則彖傳別発明其義者不可混看詳見于下

大抵易隨讀者所見取義不同卦辭或非成卦之義彖曰或非卦辭之義至大象則亦各別讀者各異其異各同其同可矣若混雜不分做一樣看則欲同却異欲詳却踈遂不得易之本旨矣

彖曰泰小往

亂彼彖傳解卦辭至其志同也而止唯就陰陽往來而明天地上下交泰之義見上則是二字可知矣至下一節則就陰陽內外之位別明其義也曰內健而外順名猶曰溫而厲言人之性行也曰內君子而外小人者言用人之義君子道長二句或解內君子二句此非卦辭之本意彖曰推演其溫而別發一義也其

曰内陽而外陰者言卦体耳既解卦辞了而又以此句嵌在中間其意可見否卦倣此

象曰天地交泰

胤按大象之取義其例不一有取上下兩象而与卦名義相通者如乾坤師比是也有只就二体取義而不由卦義者如小畜履是也有由卦名取説而不取上下二象者如頤歸妹是也又有不由卦体卦義就卦之求而取之義名如比及泰否是也如泰之象若取天地交之義則而体之則只取上下交通之義可矣財成輔相尤不相預蓋天地交泰人君可有為之時也故以財成輔相以左右民也否之大象亦然詳

廿九

干本卦

初九拔茅茹

亂按程子征字下句絶本義從洞林讀至彙字句絶然古注疏句讀亦已如此以否卦例之當從本義

困學紀聞泰初九本義云云正義曰以其彙者彙類也以類相從征吉者征行也上坤而順下應於乾已去則納故征行則吉亦以彙字絶句

象曰包荒

語類易上如說以中正也皆是以其中正方能如此此處也只得做以其光大說著不是一箇心胸明潤底如何做得

九三无平不陂

胤按易有時有位有德如九六是德也自初至上是位也泰之九三唯以居泰之中陰之將復示戒耳与他卦九三例不同

語類云勿恤其孚只作一句讀孚只是信蓋言不恤後来信与不信耳拠此則本義讀与程傳異不可不記大全亦失收載

象曰无往不復

象曰无平不陂天地際也　本義本如此

大全東萊呂氏曰无平不陂天地際也今本作无往不復晁氏曰宋衷本作无平不陂无往不復鄱陽董

日本

氏曰按程傳仍今本義從古易然先儒咸兩存之今
不敢輒改姑從程傳云

六四翩〻不富

亂按陰之在上君子惡焉六四志欲下復則其宜喜
之而君子畏之者泰之所以為卦以其陽内而陰外
也而六四以其鄰類志欲下復則在外之陰將來居
于内是否之漸也故傳謂言始終反復之義也六三
曰無往不復往小往之往復則將來于内六四坤体
將否之初故有群小合交之象君子戒之
又按本義以六四專做小人解程傳則不必然觀象
辭則覺程傳可從也且逼中之説恐不可於此爻説

象曰翩翩

按程傳云理当然者天也陰之在下理也今陰在上時也 上三段寬句

六五帝乙歸妹

亂按本義謂帝乙歸妹之時嘗占得此爻恐不然歸妹之六五亦云帝乙歸妹夫卜不習吉初筮則告再三則瀆若使帝乙實占歸妹之兆則泰歸妹二卦皆之于一卦而可今二卦各言之則非帝乙占得之也可知矣且二卦俱六五言之而下有九二之應則程傳降尊貴而順從夫之意最得爻辭之本旨

上六城復于隍

念三

將　之

用師程子泛爲用衆之義朱子爲用兵之義貞吝程
子屬告命而言朱子泛通一爻而言爲句
亂按天子之尊統治四海然泰之將否主勢微弱号
令所行不過畿縣之間方是時也唯當治其所係之
近邑不可用師勞衆遠圖恢復亡家之將衰國之將
替皆然如是則雖不免貞吝而或有可復之理乎常
人之情方衰替之時多欲一舉復之而至於一敗不
可救也告命上号令也
亂按本義云不可力爭貼本文勿用師但可自守貼
自邑告命只是與程傳一意語勢自邑告命是倒了
邑是私邑却倒來命令自家以一說不可與本義參

看

象曰城復于隍

亂按其命乱也程子意雖命而乱朱子意其命乱故

大抵象曰举爻一句而包全文則带告命来解者為

長

否

全卦大意　此卦坤下乾上天地否隔之象與泰再相反故名卦曰否而系之詞也彖亦曰內外之位而專言小人之事大象則言處否之道此亦卦變自泰而變三爻互相往來程傳无其說朱子謂又自漸來只当從一義

本義卦變已具傳義中

不利君子貞

亂極小人道長君子道消不可於卦辭解蓋彖傳別發一義當詳辨于下

彖曰否之匪人

不　　予

瀏按彖曰大往小來則只就上下兩体而言陰陽不交而為否耳彖傳演其義取之于天地與上下也至內陰而外陽則彖傳就陰陽內外之異位而別發明一義取之于人則內柔懦而外剛厉小人之性也推之于天下則親小人而弃君子亂世之事也小人道長二句覆解上四句皆與泰之彖傳相反但泰言內健而外順而今不言內順而外健者泰君子之卦也否小人之卦也健順者美德也不可施之于小人之事剛柔則固通善惡也

象曰天地不交否

瀏按大象有體卦象就卦取取義者予固於泰卦

命之矣如否之天地不交固是非好事豈可休之于身乎哉故以取之否塞而言儉德辟難之義耳傳義之意固亦如此然則泰卦所謂財成輔相亦是就君取義而非休之于人君之身可知矣

按不可榮以祿程傳自戒之辭失義屬人之詞

初六拔茅茹

亂按程傳于貞字句絕本義于彙字句絕考象傳則本義可從蓋言一爻義理則吾不可不從程傳何者象曰志在君也與泰之志在外一般各便句耳同是說君子彼剛而居泰之初此柔而居否之初易固以陰爲小人然巽順亦非君子之德乎蓋言一卦則内

念五

三陰為小人就一爻言則不可必拘猶泰之外小人而六五之柔自有元吉之兆也變動無常豈可拘乎本義字取陰自下進之說為小人說及其有吉亨之兆則亦不得已而曰小人變為君子矣恐不相通朱子以程子說為牽强乎謂程傳却優但傳曰始曰復者猶未穩卦与爻不可一例看非易二其說也

否泰二以彙本義引洞林絶句然古注固已如此困学紀聞已弁之今否之初王弼注云茅茹以類貞而不諂則吉亨正義云以其彙者以其同類共皆如此貞吉亨者守正而居志在於君乃得吉而亨通注疏共如朱子說而遠引洞林豈偶未考到乎　此段私句

六二包承

濬按包承傳義之異自可見但傳主君而言義則言包承君子耳其以六二為小人之象則同愚則有不敢安者蓋如其說則是小人本爻之人大人則當此時之人卦只言包承吉可矣蓋又言大人之否亨則凡否之六爻孰非大人守否之時哉今於此爻言大人否亨又兼言小人吉者蓋六二上應于五有包承之象此方衰世而居得君之位者其人小人則爵祿之宗賜予之豐以為吉也大人則處否而志亨固守其否而道則亨通大抵爻有以人言者有以位言者今併言小人大人者當位之人亦不一樣或有大人

或有小人恐不可牢以小人貼本爻

六三包羞

按程傳切近于上非謂上爻謂外卦也乃上体之上

亂按包羞傳義之異自可見以象位不當也見之則程傳近是蓋以陰居陽居下之上位不称其能故包容其非至可羞恥如本義志於傷善而未能豈位不當之故也哉本義恐傷善貼包字未能貼羞字

九四有命无咎

亂按有命程子以為君命謂四居近君之地可使事皆出于君命也朱子以為天命謂否過中而將濟然天之所命也概象辭則覺朱義為優壬辰五月

同人

全卦大意　此卦六二爲主爻以中正而應乾之九五故名爲同人也卦德文明以健卦体二五中正而應同系之辭也大象以天与火取其同中有異之義也程傳以大象爲本義以彖爲一義故著一爻字本義亦同同人之次否程傳有二義一是隨序卦之意世之方否已下程子別發明一義也○火之炎上与天同則大象之說二五中正相應則彖之意一陰爲衆陽所同則程子自發一義各此皆非畫卦之時方含此數義也賛易之人隨其所見取義不同各識其主意所由別可矣

彖曰同人柔得位

瀾按彖傳解卦而加曰字者程傳例已見小畜亨則以為卦辭外卦名義而別発一義者故加一曰字而間隔上下也蓋同人之所得名者以柔中得位而應五也卦辭曰于野亨利涉大川者乃不在此以其乾為上体也其利君子正者不唯中正而應内有離之文明外有乾之剛健故也

文明以健

瀾按中正而應程子兼二五而言朱子拙二而言則蓋依上文柔得位而應乾句而解也亨說上文是說各卦之義既曰之柔則唯當就六二一爻言此節是

辭卦辭者則当通二五二爻而言不必皆同亦可矣可從程傳也癸卯九月廿七

象曰天与火同人

亂按火之与天其為性陽則同而天之高明火之炎上同中亦有異也致同故類族審異故辨物朱子解尤精若程子說則只弁物之同異耳且於同人之義不切語類云伊川之說不可曉

九三伏戎于莽

亂按二与五應此其所同也三欲奪二而同之故有伏莽升陵之象程子謂陰為攻五之備朱子謂懼五之見攻癸卯八月廿日

九四棄其墉

澂按棄墉之墉伊川言四五之間本義指三四之間

以上二段俱句

大有

全卦大意　此卦六五爲主爻上下五陽應之故名爲大有也以卦德乾健離明卦体六五應乾之九二系詞也大象以火在天上取其明及遠之象而言賞善罰惡之義○大有卦名程傳以盛大豐有解大与有各是一事朱子以所有之大解之大有只是一事以大壯大畜例推之當從朱義野会壬寅平

彖曰大有

竊按卦之所以得名大有者以六二執柔居尊上下應之也此名卦本意只是如此及其系辭曰元亨也則不在此以其內外卦体有剛健文明之德六二

一爻有應天時行之之德故系之元亨之辞傳義之意亦是如此故程子云有以卦才言者彖注云言卦之所以為大有也可見矣今彖傳上施一曰字下云是以可見間陽上下之辞程子為重名卦必加曰字者非矣

衡按彖曰二應字不同上下應之謂五陽應六五應天時行謂六五應九二也

象曰火在天上

衡按此亦象之不由卦名者火在天上則其明不掩君子遏揚之典是非必明所居順之也若言享大有之盛則可移之于泰卦若言治衆之道則可施之于

師卦今必言之于大有者只取其高明之象而不涉于畱有之義可知矣伊川既取高明之義又兼繁庶之義本義以所無之廣為大有之象皆不免牽揑

亂披本義解象曰亦如泰之財成輔相也就時以明其用而非因象而取義也然未穩

九三公用亨于天子

亂披亨于天子古注云通乎天子之道程傳從之本義從左氏傳作享字然左氏曰戰克而王饗杜氏注云得位而説故能為王所宴饗則享是饗宴之義本義做朝獻之義者何也豈作饗于王之事

九四匪其彭

澂按：匪其彭，程子不取爻之才，唯曰明辨中而致戒。朱子四剛而近君位，以處柔而无咎，然由爻之陰陽而系辭也。觀象曰明辨晢也，則当以居明体微辭兼取僭逼之義，智明故能知變逼之嫌，而不處其盛也。

己酉壬九月十七夕

象曰大有上吉

繫辭云云，諸類曰若無系辭然數句，然爻遂無收殺。以然見聖人読易，見爻辭有不分明處，則於繫辭傳說破，如此類是也。

秋句

原本九行二十字，紙數卅八丁，今約為十一行廿字，紙數卅丁。

卷之二終　天明壬寅歲四月廿一日夕書寫畢

周易傳義考異卷之三

謙

【全卦大意】此卦名謙者，程子傳據大象地中有山之義，朱子取卦德內止外順之義，又兼用大象說以為名卦之義也。此皆彖之所不言。予意六十四卦彖必發名卦之義，或体或德或象或變，隨宜取之，唯此一卦彖闕其說，此不可曉。竊謂彖曰首二句天道云云者，分明是說卦變釋卦名及卦辭也。何者？彖曰云云天道本宜在上者，而以下濟而光明；地道宜在下而以其卑而上行。此皆有卑遜而成事之義，故據此名卦為謙也。

澂按以卦變而言則自豫而來豫之卦内爲坤而外卦唯九四一陽爻變爲謙則内卦之坤上而爲外卦九四爻下而爲三正是天道下濟地道上行謙之所以尊而光謙之名卦恐或此義 癸卯七月九日

彖曰謙亨

澂按下濟程子濟作際本義無其説則只如本字讀大全小注説多如字解亨則謂此字不當改作此一句是分明主六三而言三三以陽而雜于陰是剛柔相濟而在内卦故曰下濟也

天道虧盈

澂按天虧盈而益謙与書所云天道福善禍淫不

道

恭覽曰恐亞字句

同書語就天道之在人而言然所言直就天道上言
傳以日月陰陽証之可見矣発乙三月

鬼神害盈

亂按造化之迹說者曰風雨露雷草木榮枯迹之可見者然伊川文言與鬼神同其吉凶下既用然解今然文又用之則其意恐不在然蓋吉凶禍福化迹之在人可見者目之為鬼神也非有一種恍惚窈冥者恃禍福權以示於人也伊川以祭義為亂道之書則其旨恐在于然歟

謙尊而光

亂按謙尊二句伊川以謙對卑說朱子則以尊對卑

一二

裒　高

說上一謙字冒下尊卑二字，覺本義爲長。○伊川以謙尊二句爲驗，朱子以君子一句爲驗。蓋卦辭曰君子有終，而彖曰叙之云云，則以君子一句爲効者爲長。

又按尊而光二句，當點首二句說天道下濟而光明，故尊而光；地道卑而上行，故卑而不可踰，皆所以爲謙也。此申言以繳之。己酉壬九月

象曰地中有山

瀷按卑下之中蘊其崇高，有謙之象。裒多益寡，稱物平施，豈有謙之意哉？此辭只就上下兩象明其義，而不拘卦之名義者。蓋山者崇高之物，地卑下之

處損山之高而就地之卑則平矣有損有餘益不足之意故云裒多益寡稱物平施著以謙遜之意說下八字則尤不見所當本義云有謙之意未然○又曰損山之高而就地之卑則是地中有山也

象曰謙〻君子

亂搜程子引詩之自古注及本義做田牧之義程子引之恐其解義與此異也○二程外書自牧歸荑卑以自牧之意荑柔順意自牧歸順信美且異此非是女能如此美乃賢美人貽之如此深美之所呂切責之序言衛君無道夫人無德

○魏王弼曰牧養也

六二鳴謙

㴻按鳴謙傳義二說不同程子謂見於声音顔色朱子謂以謙有聞如伊尹鳴于殷之鳴有謙卑之名鳴于世也以豫之初六鳴豫例之則當從程子說但宜举声音不可包顔色豫卦傳曰鳴發於声也此說自明　己酉壬九月九日夕私句

六四无不利

㴻按撝謙古注云指撝皆謙則為指麾之意程子以為施布之象朱子以為発揮之義大抵発揚呈露以示於人之意○字彙呼回切音灰裂也又手指麾也又与揮同易撝謙又息緣切音宣鄭玄讀易如此○

正字通九經字樣麾撝同通作揮說文分揮撝為二
亦泥〇陸德明音義云撝毀皮反指撝也義与麾同
書云右秉白旄以麾是也馬云撝猶離也鄭讀為宣
〇語類云四撝謙是合如此不是過分事故某觧其
象云言不為過

亂按无不利撝謙程傳此一句串說謂无不利於撝
謙朱子謂无不利此一句撝謙此一句六五亦有无
不利句当為朱子義 二段在夕

六五不富

亂按不富以其鄰已見泰之六四程傳曰不富而從
者其志同也然在謙之六五則有人君之象不可謂

不富也本義則云陽実陰虚凡言不富者皆陰爻也
故本義以柔二字貼不富字其説最可從也

上六鳴謙

竊按鳴謙程子具二説观小象曰志未得也則前説
覺長然六二既有鳴謙之象則不能不具後説本義
則只做謙從著說○行師本義則只為師旅之事
程傳則曰用劉戎与六五之侵伐異易之道上下無
常不可為典要則固不妨与上章相差也○上六取
象行師語類有二説一云凡說因邑征伐处多是因
坤一云謙是用兵之道只退处一步耳所以利用侵
伐也或云此等有不通处至程傳則曰極謙之地須

卷三

以劉氏自治大抵卦之上爻多寓過甚之戒則程說固無間然矣

淆亂投象辭著如李義說則鳴謙二字只泛舉爻辭耳非以志未得也解之也小象之解爻辭恐不若此之疎也

五

一六九

豫

全卦大意　此卦卦体九四一陽為主爻群陰應之卦從內坤外震有順而動之象故名卦為豫也而卦辞專以卦從坤順震動為義大象則别就二象系辞也程子以卦從為主而卦体為和豫之義不知本義專從彖象各会其義也繫詞重門擊柝取豫備之義則全与彖象名義異須知玩易之活法焉

私勾

渝按聖人作易其始只是一義不含許多意義并於一卦也後世贊翼之人各隨所見其說不一於是有彖有象有序卦豫之名卦有二義一取動而和順取九四主動此彖曰之所說坤承之以順是程子所

一六

剏說雷出地豫是大象之說不相錯雜可見且九四主動卦之所以爲豫而成卦之後曰其德則又有順動之象順動〻順亦不同詳于下

豫利建侯

澂按彖說卦德必自下而上其分尤嚴程子混而說之曰諸侯和順曰順從而有功曰上動而下順皆用動而順之意彖只言順以動耳若言下順以上動則然復卦之德耳故彼卦乃曰動而以順上行可見其異矣蓋言建侯行師大事也苟順而奉動則人心悅服而無竊匪人若征役之言然所以爲豫也若夫順云者順理則順人心乃無二也

彖曰豫剛應

正義剛謂九四也應謂初六也既陰陽相應故志行也○此一説

泝按彖解卦辭而兩举卦名者是卦辭与卦義異者盖名卦為豫者以其剛應而志行也此卦体也至系之辭曰建侯行師則只取其順以動之義也此卦德也故再举卦名本義云云〻尓未是蒙引云剛應而志行是豫然順以動是所以豫然又曰彖傳釈卦名則兼举卦体卦德至釈卦辭則只用卦徳盖誤矣

泝按順以動程子含三意看下文説天地聖人則只順理而行一順且云動而順理動而衆順則為震下

坤上之象然復卦之後也不可施之于豫

豫順以動

豫順以動程子上二字連讀故曰以豫順而動下文又曰豫順之道然彖曰豫字是舉卦名而說順以動蓋豫有順動之二義程傳連讀故曰豫順无不穩

天地以順動

亂按蒙引日月不過以晷刻言四時不忒以氣候言也未穩日月以行度言四時以氣候言只是一事日月不過者四時不忒之本刑罰清而民服之本及中間施一而字可見乞不可分做二事也天運自然至誠無息故曰故人則有心或不以順動必聖人而後

以順動故曰則古人文字不苟可見

象曰雷出地

亂按大象之辭程子含二意一取出地震之義一取坤順震發然六十四卦之大象皆就象而述其義而一無以德言者坤順震發皆卦之德也且發之与動其事似同而言震之從則言動而不言發然則此卦之象只取出地奮之一義可矣

六二介于石

按程傳云多不得正言初六六三九四六五皆不正而唯上六六二得正

按傳又曰才与時合也言不正之人而処逸豫是其

所好

按程傳云夫見事之幾微者云云陳于陛意見易曰汔者吉之先見者也筆一吉字甚妙正○○○爲吉方是知幾之神若有凶則何貴于知汔乎說部

按系辭本義云漢書吉之之間有凶字

亂按不終日程子以爲去之速據系辭見幾而作之義朱子以爲見幾之速並亦據系辭而非去之義也

九四由豫

按困學紀聞朋盍簪簪疾也至侯果始有冠簪之訓晁景迂云古者礼冠未有簪名

亂按王弼云不信於物物亦疑焉故勿疑則朋合疾

也盍合也簪疾也正義云不疑於物以信待之則衆陰群朋合聚而疾來也本義既取程意亦兼王說

上六冥豫

渝按有渝程子就上爻而言朱子以動体而言必象曰何可長也則其就上六有變而言爲長○程子成字下句朱子豫字下句本義可從也

隨

全卦大意　此卦〻變自蠱而来上九来而居初卦佗震動兌説因命卦名卦辭也大象別發一義程子以卦佗及少女女隨長男之象爲主説以卦象及卦變爲旁説少女隨長男象之所不言此亦當從朱義也以下八段定句

亂按卦變程子就初九上六二爻而言曰自乾坤而来朱子專就陽爻就初五二爻而言自困等卦而来觀彖不曰剛下而柔上而曰剛来而下柔則專就一陽爻而言可知當從朱子義也予則謂專主初九一爻而言自蠱而来壬辰五月

亂按程子歸妹傳云歸妹者女之歸也爲卦震上兌

下以少女從長男也執此則随之与歸妹取象不異故随卦不可入此等說且少女長男之說又有不可從者以少女從長男兌下震上所以為歸妹此卦則震長男在兌少女之下可言以長男随少女不可言以少女随長男也况随之与從不可相通乎程子必欲兼多義故致此窒礙

按語類伊川說〻而動〻〻而說不是不當說〻而動凡卦皆从內說出去蓋卦自內而生動而說却是若說〻而動却是自家說他後他動不成随了人我動彼說此之謂随

亂按說而動〻而說固如朱子之說若言說而動則

是先下震上爲歸妹之卦程子必兼二意者非矣〇至少女從長男此又卦爻彖象共無其說言女從人者也不言隨人者蓋隨與從其義固相近而隨有進退左右 必隨人之意從則如言之從諫行而從後是也故不言女隨人者也此說闕之可矣蓋卦之得名就卦變而言卦之彖辭就卦德言而象則別發其義各隨所見爲說而非預含多義尤爲詳備也各具于下

泓按程傳取爻義者在此卦則言初九上六往來也取卦變之義者亦就此二爻而言耳今程傳別而舉之者他卦或專取爻義而不言卦變者亦有之矣如豫是也此卦兼而言之故也癸巳二月 以下三段私勾

卦變圖備傳義本

彖曰隨剛來而

亂按剛來而下柔程子剛指初九柔指上六朱子剛指初九九五柔指六二上六予謂剛特指初九一爻耳其說詳于前 癸巳二月

象曰沢中有雷

亂按程子意沢隨雷而動有起居隨時之象朱子意雷藏于沢故取象隨時宴息沢隨而動覺不穩在当從本義也 癸巳二月

初九官有渝

亂按動而隨故有官有渝之象然其吉凶未可决也

必貞而得吉也程子意所主有變也朱子意有主而變也以象曰从正吉也觀之則程說不可易也
亂按本義注卦辭曰己能隨物物來隨己彼此相從其通易矣蓋以物隨〻物二端兼而言之耳今云卦以物隨爲義爻以隨物爲義似與前說異殆不可解〇卦之所以爲隨本彖曰剛來而下柔之說由程子說而言則固主初九而言由本義卦變之說言則兼九五初九二爻而言不可恃以初九爲卦之所以爲隨也是亦不可曉

六二係小子

亂按六二而在初九九五之間者如屯家人益革既

済皆有小子丈夫之象而獨於随云〻者随有随順系累之意故系之辭如此凡諸卦之爻象皆然

上六拘係之

亂按拘係之程子為民心之随上固結不可解之義王用亨于西山為衆心帰服王業亨盛之象朱子以亨為祭亨之亨以拘係為祭祀誠意之義則人心之随鬼神也癸卯平野会

蠱

全卦大意　此卦初六上九為主爻。以卦變言之，則是剛上而柔下也。以卦德言之，則內巽外艮，有巽而止之義，故拠以系卦辭，本義如此。而別發蠱極復治之義，謂系卦辭之由也。予則謂卦變是名卦之由，卦德是系辭之由，說詳于下。大象別就二象，發修己治人之義也。程子別拠左氏傳所載秦醫和之言，以風落山女惑男二象釋之，而不復取彖象也，不知何謂也。大抵易之取義多端，不復一定。六十四卦就卦德、卦象、卦變、卦体四者，或取其一，或取其二三，釋卦名卦辭，無復定例。想周人玩易，各隨所見，縱横錯綜說

十三

出無窮義理如風落山女惑男之象是從古之所傳是医和之所自撰出今不可知也然卦固有此象亦最為親切不可不舉然至說易則卦名卦辭須專执彖以大象為別義如医和穆姜等說則当旁采以備一說此非古人錯解之也亦非彖偶遺之也古人說易之法自如此 壬辰五月

左傳昭公元年晉侯有疾秦伯使医和視之曰是謂近女室疾如蠱趙孟曰何謂蠱對曰淫溺惑乱之所生也於文皿虫為蠱穀之飛亦為蠱在周易女惑男風落山謂之蠱皆同物也 杜云皿器也器受虫害者為蠱穀久積則變為飛虫名曰蠱

先甲三日

亂按先甲後甲程子言方事之始當思慮其先後三日只將甲字做首始之義朱子從月令注之說謂新前事之弊而丁寧後事之端先甲三日之辛借自新之意後甲三日之丁取丁寧之義○又漢書武帝紀注所引應劭說亦如此

亂按本義前一說恐不可從何者蓋使就內外卦体言則当言上剛而下柔且就二体言剛柔者必指乾坤內柔而外剛者天地之所以成否也不言剛上而柔下上剛而下險者天水之所以為訟也不言剛上柔下而險下不可以艮巽言剛柔也今曰剛上而柔下則

就爻文言可知矣

語類某本義之說蓋是趙能並說趙云剛在上柔在下下卑巽而上茍止所以蠱壞然則文義甚協又問先甲辛也後甲丁也辛有新意丁有丁寧意具說似出月令注曰然

彖曰蠱剛上而

亂按彖曰首二句程子意治蠱之道朱子謂致蠱之道亭謂不然剛暴在上而柔弱在下不問是非唯力是視所以致蠱卦之所得名也巽順不忤能抹止物有撥亂之才而不至傷事所以治蠱故系元亨之辭然亦卦義之與卦名異者屯之名卦以剛柔始交而

難生也而其致元亨者以動乎險中也困之名卦以剛揜也而其言亨者以險以說也亦此例也若如程子說則卦變二体皆撓乱之道何由名卦爲蠱哉風山四字亦無所拠若如朱子說則卦變二体皆致蠱之由何由有元亨之辞哉　曰蠱壞之極乱当復治然則一治一乱自數之常政教号令無益于事何貴易之有盖上一句致蠱之道當從本義下一句治蠱之道当從程傳但剛上而柔下卦變之說差覺本義未安

又按凡卦言二体德者皆是好事如豫之順動隨之動說皆是故謂之卦德無做不好事說処如巽而止若拠本義說則是惡德非他卦之例

卦變圖備傳義李

先甲三日

亂按終則有始恐就十干之始終言巽之九五曰无初有終先庚三日後庚三日吉終始之言二卦俱言之可併按爻詳于巽卦 癸卯七月 私句

按前人既壞之蠱必待後人之修飭甲者日之始事之初也先甲三日事之將終也後甲三日事之復始也治乱盛衰倚伏相因故曰終則有始天之行也 癸卯七月廿一日同上

象曰山下有風蠱

亂按振民之振程子解作振濟小注朱子云振起聳

動民之觀聽則巽矣振起之意近是 私句

亂按風遇山而回則物皆撓乱此自医和風落山之說未盡蓋就二象說蠱之義非卦象之本意也傳義共襲其說尤欠穩当蓋君子之道鼓舞振起作新之民有風之象安泰凝重靜而不動有山之象此大象之意也凡卦有山風等象者如蒙小畜觀大畜蹇大象皆言德教之事可例推也小注內臨川吳氏隆山李氏說稍可見矣然李氏尚帶風落山意在

六四裕父之蠱

亂按徃見春傳義二說差異本義近是以諸爻例推之当承上文解蓋言幹蠱之任非強力者則不能也

故寬裕而治固雖無不可而必如此而往或致寬緩

解弛之患故曰往見吝癸巳二月私句

臨

全卦大意　此卦二陽漸長于下而四陰在上故名為臨也程子用韓康伯之說以臨為盛大之義曰陽長而盛大也朱子以臨為凌逼之義曰陽長以逼於陰至於卦辭則以卦從兑順卦体九二之剛中有元亨利貞之辭大象則別發一義以述教民容人之道也

〇程子釋臨字具二意有盛大之義有臨近之義朱義亦具二意釋卦及初九九二之二爻取凌逼之義釋大象及四陰爻卦辭取臨下之義也

至于八月

按程子專言遯朱子二說遯卦觀卦正義言否凡有

三說正義云八月者何氏云從建子陽生至建未爲八月褚氏云自建寅至建酉爲八月今案此注云小人道長君子道消宜據否卦之時故以臨卦建丑而至否卦建申爲八月也○亂案程子及本義前說本何氏說本義後說本褚氏說正義後一說以臨二陰生爲始數否三陰爲八月有凶亦非無理也然爻辭曰十年曰三歲曰三日曰七日不皆必以卦氣言臨之八月亦恐泛言未可知也○王弼注內不言以卦配月正義推其意云八月指否也朱子發易傳云至范長生以八月爲否

亂按臨則二陽浸長故有元亨利貞之辭遯則二陰

將長觀則二陽將消皆臨之反對也故先儒並言之

以卦配月圖備傳義本及圖例

劉楼八月有凶先儒皆用以卦配月之說正義云否
程子言遯朱子兼用遯觀二說予謂不必別取他卦
只就本卦上既有八月之象蓋二剛浸長于下以君
子將進之兆故曰元亨利貞然四陰臨壓于上以小
人制君子之象其終必凶故曰八月有凶五月一陰
生積至八月則四陰也卦亦六三一陰生而至上六
則四陰也如此說則於卦体卦辭亦親切矣而不待
推之于他卦也

彖曰至于八月

十六

亂按以天時言之則春夏之後必有秋冬所以有八月之凶也以人事言之則至治之後可議于必亂之運而不治人事哉故以利貞言之　私句

象曰澤上有地

亂按臨之大象程子以親臨含容二者分解以親臨取教之無窮以含容取容之無疆至末則曰含容有廣大之意故爲無窮無疆之義則專就含容一道說本義則以二句分貼二象取臨下之義也較二說本義尤明節齋雲峯二說皆可取也○又曰麗澤兌君子以朋友講習坤之彖曰坤厚載物德合無疆可併按也　私句下亦句

初九咸臨

澂按臨字之義程傳無明文然觀卦下注曰在卦取自上臨下臨民之義九二爻注曰所臨吉而無不利則咸臨亦初九之臨其下也故解咸爲感於四也本義則偏凌逼四陽爻之義也

澂按若如程傳之説則六爻各臨其下信是言也孰卦不可以爲臨也哉朱子義則二陽逼上曰咸臨四陰乃臨其下如此則一卦之中一臨字隨處異義此亦不穩竊謂易之名卦多有賓主之義如訟蒙師比豫觀皆然臨之卦恐亦此例也臨者上臨下之義二剛浸長於下而爲四陰所臨故初二曰咸臨臨者爲諸爻

廿九

所臨也四爻曰臨者臨下二陽也卦名之爲臨者主
二爻言故彖曰剛浸而長也
彖曰咸臨吉无
蔣悌生五經蠡測曰未字疑衍命正理也九二以剛
中而應六五中正之君順乎正理以是而臨民宜无
不利○悌生字仁叔洪武中人 私句
六三甘臨
亂按程傳以臨字皆爲臨下之義本義解初二二爻
主彖剛浸而長之説爲凌逼於陽之義三四五上四
爻与程傳同其解大象亦然大抵臨卦最難曉

觀

全卦大意　此卦卦体九五為主爻有為民所觀之義
卦徳順而巽曰名卦系辭也而大象別擬二象発教
民之義也程子專擬大象為周觀之義以卦体為観之
義此亦可從本義也〇在全卦則九五一陽為下所
観在各爻則各有所観　私句
亂按観之一卦九五為主為諸爻所観耳程傳云上
観天道程子解彖傳為聖人之観天道故此用其意
下観民俗及風行地上等皆大象之說与成卦之義
不相干涉須弁同異
語類曰自上示下曰観去声自下観上曰観平声故

八念

卦名之觀去声而六爻之觀皆平声 紅句

澂按程傳卦下注二陽在上云云此指上九九五二爻而言耳然彖曰大觀在上專主九五一爻而言卦之所以得名傳義解彖亦主九五而言不如專從彖之得本義也 壬辰五月

觀盥而不薦

澂按程傳解卦辭只做譬喻說本義直做祭祀之占也 以上完句

澂按盥而不薦王曰宗廟之可觀者莫盛於盥也至薦簡畧不足復觀引禘自既灌而往蓋以盥為灌鬯之義程傳亦同其說但以盥為盥手之義則異耳朱子

義以盥爲盥手則仍程子其解義則異矣語類曰盥而不薦這箇譬喻相似蓋無這事且如祭祀纔盥便必薦那有不薦底但取其潔之義耳○語類以程傳爲灌鬯之說者失之矣

顒若有孚程子仍正義之說爲下之盡誠本義前說爲上之有誠後說爲下之信上也或牽二說問朱子曰從後說則合彖辭下觀而化之義予竊凡言有孚者如需之九五訟之九二皆就陽爻而言如觀之九五中正而爲天下所觀故卦辭系有孚之辭則上之有孚信也本義前說不可易也彖曰下觀而化者蓋言觀其誠而化之耳

彖曰大觀在上

亂按大觀在上言九五爲下所觀在上位也然主諸爻之觀九五而言耳否則順而巽此說上下卦徳不可間陽中間也蓋大觀在上一句是解卦名也順而巽以下三四句是以卦徳卦体解卦辭也至觀天之神道以下推言觀之極効也

觀天之神道

亂按天之神道四句程傳意聖人觀天道而設教義以上二句爲觀天下二句爲觀聖人乎謬甚如程子說則聖人二字當在觀字上且以觀字爲聖人之觀天道則与上文大觀下觀等字義不諧從本義說則分析天与聖

観象之下学有有去

人観学蒙二者句法一串而自是二項事犹豫卦彖曰天道以順動聖人以順動也本義精矣卦本説人事彖曰到此説天故本義云極言之也

象曰風行地上

観按大象之説多与彖異亦不必由卦名義多就二象明其義凡卦体有風象者多言徳教之義如益小畜可見矣故観亦言設教者方是巡者四方亦有土地之象此大象之所以為説也傳義分解観民為観二項泥矣

又按観雖平去之別而九五為下所観五陰爻下観上畢竟為下之所観耳無上観下之説大象観民之

説然卦爻之所不言而象却無下観上之説故傳義共以設教為下観之義强合於象説覚涉牽强故曰大象之説多与彖異亦不必由卦名義以然故也蓋就二象明有方設教之義曰卦之名観別発観民之義犹小過象言行過乎恭喪過乎哀用過於儉耳

初六童観

瀫按程子以初六居遠于陽所観淺近故曰童観不必観乎九五也本義則以在下而不能遠観九五之徳也覚程子説較活以下四段私句

六二闚観

瀫按闚観傳義之説畧同但本義帯居内而観乎外

之義則於觀字益切矣

九五觀我生

亂按觀我生程傳謂觀己之所生之君子乎否也本于象曰觀民也之說蓋觀天下之俗也本義則謂觀己所行之有君子之象乎否也故以象之說為夫子別發一義也本義中其下四陰仰而觀之自是九五本爻之象不以此觀字點本文觀我生之觀為分象占則本爻二句皆是占辭也蓋以卦言之則為下之觀九五自九五而言則九五自觀也本義其下四陰仰而觀之之說不可參入當以象曰為本說而從程子之說也

象曰觀我生

程傳云云云王弼云上之化下猶風之靡草故觀民之俗以察己之道百姓有罪在于一人君子風著己乃无咎本无迹字

上九觀其生

亂按程子解觀其生與九五之觀我生同皆謂己之所生者但所謂君子者則謂己有君子之德而五則謂人有君子之德則其我與其字其義自別矣觀象解九五曰觀民也解上九曰志未平也則程傳可疑也朱義則二爻戒辭不異皆自觀我之所行應君子之象乎審也語類云觀我是自觀如觀履考祥

底語勢觀其亦是自觀却從別人說又曰觀我生如月受日光觀其生只是日光皆不若程傳之爲明也

按本義爲下所觀之觀亦不貼爻辭觀字只書上九有此象也故其戒辭已下始解爻辭也

一命已

噬嗑

全卦大意 此卦卦体上下二陽而九四一爻間乎其中有頤中有物之象故取噬齧之義名曰噬嗑也卦体震陽各居其半卦佗動而明卦象雷電交合卦変賁之六二進而居九四此四者而系之辞也大象又就二象言刑罸法令之義傳義共言噬嗑自有亨義

癸卯七月二日

彖曰頤中有物

亂按彖加曰字者程傳例二字卦名予意卦辞不由卦之名義者必施曰字言名卦為噬嗑者以卦之形有頤中有物之象也而無亨通之義所以噬嗑之卦

公五

而曰亨者以剛柔分動而明雷電合也從來說物有間者囓而合之也則亨通矣然九四一陽倔然不變則誅除強梗之意何在哉恐不可說亨通也語類云剛柔分以下都掉了頤中有物只說利用獄予謂併亨字亦不預噬嗑之義

剛柔分動而明

瀾按剛柔分程子解善惡不淆之義朱子爲威愛遍均之義語類云分猶均也語意與日夜分同蓋易中說剛柔分節及噬嗑皆三陰三陽之卦剛柔遍均也本義不可易也○又曰剛柔分三句釋卦辭曰亨柔得中一句釋利用獄也易言亨者皆就卦象明其義

不与卦之各義也程子曰噬嗑亨卦自有亨義不是

卦變圖備傳義本

柔得中而上行

胤按柔得中而上行程子直解爲居尊位之義朱子則以卦變說爲自益之六四來凡易中言上行者皆就卦變言則本義爲長然凡言卦變者自反對相並卦來則所謂柔者言賁之内卦六二也而在噬嗑則上于外体而得中也

象曰雷電噬嗑

按徐氏筆精云黄氏曰程朱諸家皆言于卦合云雷電今云雷電者字相類而誤惟鄭氏謂象亦云雷電合而

章不必以是疑經文此卦雖离上震下然陽氣將震発乃閃然成火故雷与電止一氣而雷為主電者雷之精光如爆杖火一出而声即透所主在声雷電非其他判然二象之比彖言雷電合而章語意絕好經文未必誤也

初九屨校滅趾

亂按程傳云滅其趾則懲懼不敢進於惡矣此本象曰不行也之說朱義則以在卦之下取滅趾之象以象之所云為別発一義者也故下注加一又字矣載二說本義不可違也初九在下取滅趾上九在上取滅耳則是分明以耳与足為上下之象也至象曰之

說則不必拘之滅趾則取其不行而滅耳則取其不听也

王弼易畧例弁位篇曰唯乾上九文言云貴而无位需上六云雖不当位若以上為陰位邪則需上六不得云不当位也若以上為陽位邪則乾上九不得云貴而无位也陰陽処之皆云非位而初亦不説当位失位也然則初上者是事之終始无陰陽定位也○漁按程傳所説皆拠王氏之説而弁之也

六二噬膚滅鼻

漁按噬膚滅鼻程傳云噬人之肌膚而已鼻没其膚中也四字此一串事朱義云噬膚易柔脆之肉又傷

滅其鼻此兩項事不相冒二説以下腊肉乾胏乾肉
等例推之則朱説尤可信也己酉十月一段脱係下
九四噬乾胏
亂按得金矢程傳只取剛直之義猶坤之黄裳是泛
説不預獄訟之事本義取周礼鈞金束矢之事為解
尤覓有據六五之得黄金亦然似夕
周礼秋官大司寇之職以兩造禁民訟入束矢於朝
然後聽之〇注訟謂以財貨相告者造至也使訟者
兩至既兩至使入束矢乃治之也不至不入束矢則
是自服不直者也必入矢者取其直也詩曰其直如
矢古者一弓百矢束矢其百箇与△以兩劑禁民獄

入鈞金三日乃致于朝然後聽之○注獄謂相告以罪名者劑〻券書也使獄者各齎券書既兩券書使入鈞金又三日乃治之重刑也不券書不入金則是亦自服不直者也必入金者取其堅也三十斤曰鈞○疏此二經論禁民獄訟不使虛誣之事是禁民省事之法也○淮南子氾論訓云齊桓公將欲征伐甲兵不足令有罪者出犀甲一戟有輕罪者贖以金分訟而不勝者出一束箭百姓皆說乃矯箭為矢鑄金而為刃以伐不義而征無道○高誘注云以金分出金隨罪輕重有分兩也

賁

全卦大意　以卦之變自噬嗑來六二二柔來上九剛上交錯以成文曰系卦辭也彖亦曰卦德離明艮止推演其義說天文人文大象取二象說明政折獄之義程子專用大象之意山下有火百物被光故為賁也本義專以卦變為卦系辭之由至於大象則自隨文成解皆從本義也彖雖無釋卦名文而說卦辭處自解卦名也　壬辰五月　私勺

賁亨小利

亂按賁亨程傳物必有其實而可加文飾故能小利於進也本義專據彖曰以卦變說亦自明白程傳有

实之說於卦辭無所見 甲辰十月平野公

容齋隨筆曰易舉正云賁亨不利有所往今本不字誤作小剛柔交錯天文也文明以止人文也注云剛柔交錯而成文焉天之文也今本脫剛柔交錯一句

易舉正三卷 宗文總目唐蘇州司户參軍郭京撰京世授王經得王輔嗣韓康伯手寫易經比世所行或頗差駁故舉正其訛而著于篇 右二條文獻通考

文明以止人文也

王弼注坤之上六來居二位柔來文剛之義也乾之九二分居上位分剛上而文柔之義也○正義曰此本泰卦故也若天上文泰則剛柔得交若乾上坤下

地

則是天地否閉剛柔不得交故分剛而上分柔而下也○程傳之說本于此然不言乾之九二坤之上六耳

語類七六十　程傳賁卦所云豈有乾坤重而爲泰又自泰而變爲賁之理著甚說果然則所謂乾坤變而爲六子八卦重而爲六十四皆由乾坤而變者其說不得而通矣

卦變圖備傳義考

亂按柔來而文剛分剛上而文柔程子謂下体本乾二變而爲離上体本坤上變而爲艮程子說諸卦變觀此可見矣朱子謂自損而來二三相變自既濟而

文

来五上相交予謂此自噬嗑而交耳六五來而文二陽之間爲六二故曰柔來而剛初九上而文二陰之上爲上九故曰分剛上而文柔皆就成卦之主互相往來爲說耳 癸卯七月十三日

象曰山下有火 此章是句

亂按程傳謂山下有火明照庶物君子體之明其庶政而又戒其過明不敢折獄也本義山下之火明不及遠故用之小之庶政而不用之大之折獄也又取卦德内明而外止之義覺程傳優且象例不取卦德

初九賁其趾

亂按程傳初九陽明在下爲賢者在下位修飭其行

兩取字恐衍字

之義自之所行猶足之能行也在下而处賁故曰賁其趾舍車而徒言其固窮不求榮進兼取舍比二之不正而取應四之正之義本義賁趾只取下義而不取行義舍車而徒亦不兼比應之義亦自簡明甲辰十月

六二賁其須

亂按賁鬚須程子謂文曰賁而加猶須之曰頤而動也專取係所之義而不必有所指也朱子謂二三俱无應故二附三而動蓋亦取隨頤之義專就三而言

六四賁如皤如

亂按程傳以白馬為初九求四之象故曰馬在下而動者也朱義則以為六四求初之象故曰人白則馬

亦白爻今考屯之六二亦曰屯如邅如乘馬班如匪寇婚媾指六二所乘之馬也正与此爻辭句法不異然則白馬翰如亦当從本義說爲六四所乘之馬也

六五賁于丘園

亂按程傳謂丘園在外而近者指上九也六五柔順受裁制于上九如翦裁束帛然最覺不穩朱子語類云伊川此卦傳大有牽强處束帛解作翦裁恐無此理且如今將束帛之說教人解人決不思量從翦裁上去本義則以丘園爲田圃爲務農尚儉之意胡安定作數本說亦是此意亦未敢爲然也王氏古注意則云丘園是質素之處若能施飾在於質素之處不

華侈費用則所束之帛戔戔衆多也此近本義之說
然以戔戔為衆多不見所拠朱子云戔戔是狹小不
足之意以字義考之從水則為淺從貝則為賤從金
則為錢可見戔戔之為儉陋之意也今考注疏内一
說云賁飾丘園之士与之故束帛乃戔戔也此說覚
最平穩也蓋丘園者園之依丘陵者隱士之所宜盤
旋者也而六五柔順下賢致之礼敬則門楣生光輝
故云賁于丘園然陰柔之質雖有敬賢之盛意而無用
賢之實心不与共天位共天禄而其所發亦戔戔不
腆不如湯之聘伊尹故曰束帛戔戔吝也然其實是
吾意与慢賢罵士之主不可同日而語矣故得終吉

卅二

也此聖人所以扶君子而勸遷善也

張氏鳳翼曰賁于丘園束帛戔戔終吉是言人君礼聘賢才令光生丘園也宋王欽若奏云宜加旌聘賁于丘園以彰止遯之義即是此意但聘賢之礼貴其厚而戔戔其薄者以陰性吝嗇故耳然礼賢自是盛典故終可以得吉○見徐氏筆精○此說与前所妄意者合亦知前人亦做此解

天明二年歲在壬寅四月廿五夕書寫畢

原本九行二十字今約為十一行紙數原本三十九丁

柳下佐々木恭寛字紳謹記

卷之三終

二三之卷四廿六日初更挍終

周易傳義考異卷之四

剥

全卦大意此卦卦体五陰剥一陽至上九而立名為剥也名卦系辭皆由此大象別取山地之象明安宅之義彖又曰卦從內順外止兼衍卦辭也傳義無異同

順而止之

亂按程傳謂知不可有所往而順時而止朱義謂順而止故不利有所往二說朱義覺優蓋言卦有順止之德故不利有所往也

象曰山附於地

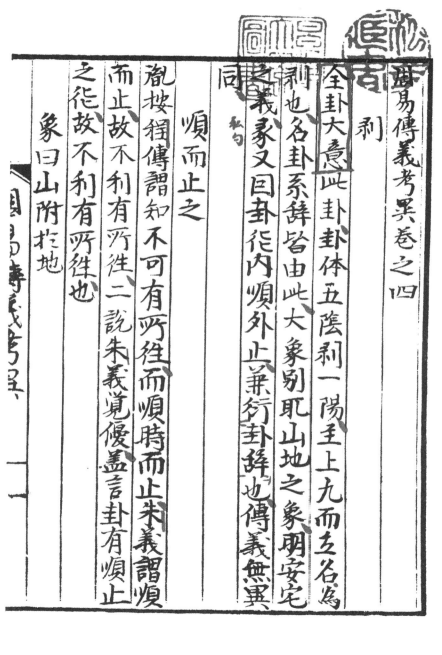

其

亂按山之安重堅固乃根著于地有不拔之勢是剝之象也故為上者以厚其下安宅先儒之解象卦義卦象爻雜為說故云有剝之象夫言卦義則固有剝之象然山之附地安重不騫物之莫為堅崖可謂有剝之象哉故以處尊取山地之象而不離剝之義可矣

象曰剝牀以弁

亂按未有與程子謂君子未有與應以就陽而言本義曰未大盛此就陰而言也○雲峯胡氏曰程子言陽未有與本義言陰未有與二陰猶未至於五陰之盛也

六三剝之

亂𧘂六三其志從正非剝陽者也而在群陰剝陽之時故曰剝之然陰柔順体不覺扵悪且周不能化小人故纔〻得無咎也

復

全卦大意　此卦卦体一陽復于五陰之下，然主爻也，故名為復。系之詞曰亨也，又以卦德卦体系出入無疾等卦詞也。大象別発雷在地之義也。傳義亦無甚異同，俱從彖為解。但程傳常兼挙卦象卦德以解卦詞，此卦専就卦体為説，而不復取卦象卦德，然雖為説也。○在全卦則主初九而言，復在各爻則各自復也。

右私々

彖曰：復亨。

亂按：彖以卦德解卦辞者，必自下而言。坤下震上為豫，則曰順以動；豫震下坤上為復，則曰動而以順行

三丁

以

其別尤嚴程傳云陽剛反而順動則是與豫卦之徳無別豈可乎本義卦下注明言曰順以動則動在順後曰動而順行則順在動後故不曰動而順而曰以順行也取以漸上行之意

復其見天地之心

亂按程子云動之端乃天地之心痛斥王弼之說以為非知道者誰能識之蓋於動上見道而不用功于未発之前乃與乾元資始之意相符天地之大徳曰生亦是此意矣得彖之正意而虛靜為道之本異矣本義以程子之論為詳如無異同然考太極圖說中庸章句等皆以未発之先為道之本而宗無欲主

靜之說則未復已前尚有一段深窅無聲無臭然而為万事之根本則与程子之道異故或問中論蒙卦明問答以程子論未発引復卦為誤矣而至邵子則以一陽初動方物未生文據之際見道故朱子曰於貞元之間見之蓋亦与程子朱子之旨異矣學者各識其意趣之所別可矣其說詳別論

象曰雷在地中

王弼曰復者反本之謂也天地以本為心者也凡動息則靜〻非対動者也語息則默〻非対語者也然則天地雖大富有万物雷行風行運化万變寂然至无是其本矣故動息地中乃天地之心見也若其以

四丁

有營心則異數未獲其存矣 私白

明馬中錫東谷羅言曰周子以靜處測陰陽之根程子以動處觀天地之心邵子以動靜未往之間閱三十六宮之春○續說郛 私白

无妄

全卦大意无妄之為卦變自大畜而來上九之剛
自外來而居初主於內卦指剛陽之人遂來而為家
主是不期望之事故名卦曰无妄卦德震動乾健卦
体九五剛中而應二故有大亨之兆也其既无妄故
不正則不利有攸往大象曰二象說萬物發生各正
性命之義則為真實无妄之事程傳專據大象為說
本義據史記作无望作一說大象則從无妄之義○
按无妄朱義據史記作无望焉馬融王肅皆解妄作
望乃謂卦爻本義當從无望之義唯大象以為真實
无妄之義各不相妨可參語類云文王以來說作希

望之至則似以大象為伏羲名卦之本義
經典釋文无妄亡亮反无妄无虛妄也說文云妄亂
也馬鄭王肅皆云妄猶望謂无所希望也 私曰
亂按動以天則无妄信天下之至言也与識者天之
道也及天何言哉四時行焉百物生焉等語相符合
也然易象則無以說爻何也動者震之德也天者乾
之象也大象必曰象天下雷行是也彖必言德動而
健是也無以象与德雜而言之者矣如明出地上晉
明入地中明夷然明字亦如明兩作離指大陽日之
象非卦德也然說闕之可矣

无妄元亨

亂摟不利有攸往程子說系上无妄字猶大學章句
曰止其所而不遷也朱子冒上其匪正有眚句以諸
卦例推之則多為以卦凶戒往之辭本義說為近然
觀彖曰无妄之往何之矣上九爻曰无妄行有眚无
攸利則程子之說不可易也
史記春申君傳曰朱英謂春申君曰世有毋望之福
又有毋望之禍今君處毋望之世事毋望之主安可
以無毋望之人乎 ○正義曰毋望謂不望而忽至也
索隱曰周易有無妄卦其義殊
○卦變圖傳義之未具
彖曰无妄剛自

朱漢上易傳曰无妄大畜之反大畜上九之剛自外來爲主於內主言震也自外來爲主於內如舜禹之有天下〻〻大物也可妄而有乎无非天也故曰剛自外來而爲主於內此以初九言无妄之主也竊按剛自外來而爲主于內此彖說卦變也程子謂內卦本坤乾剛自外來而變初六爲九也朱子謂自訟之九二而來予謂凡彖說卦變皆二卦反對相並而言如隨蠱咸恒是也此卦與大畜反大畜外卦艮唯上九一陽爻此卦內卦震唯初九一陽爻故此二爻互相變而上下也故此卦彖曰剛自外來而爲主于內謂初九之剛自大畜外卦而來爲主于此卦內

体也大畜彖曰剛上而尚賢謂上九之剛自旡妄内卦而来上于外卦也大畜之外卦除初九之外無剛之可言旡妄之内卦除初六之外亦無剛之可言也彼以往来有自然之象不勞牽強是彖也蓋内外二字就卦之上下而言耳著如旧說則内外二字不相對值矣覺穿鑿從本義說則訟之初六九二与旡妄之初九六二互相上下也何以不言剛下柔上乎咸恒二卦既具說剛柔上下而旡妄大畜二卦共偏就剛而言可見两卦陽爻互相往来耳以說也讀易之次悦乎一得反覆参校益覺其言之不誣也六十四卦彖言卦變者十九卦其說旡所不合以卦之辞最

師説曰千載同於

足可証向者經解東萊內載朱漢上易説秋以卦彖適与予説符幸千載之上已有会予心者然推之他卦則亦不然惜哉

癸未之三月臨長識識

象曰天下雷行

澂按程傳云盛行永言盛行貼盛字永言貼对字以永言配命説对時言合天時也

六二不耕穫

澂按程傳卦爻共作真実无妄之義解朱義解卦併存無妄無望之二義故六爻中唯初与上則与程傳同其餘四爻皆作无望之義看注中自可見㚒語類云大抵无妄一卦固是无妄但亦有無故非意之事

故聖人因象示戒

澂按六二之義傳義不同傳做无妄之意義作无望之意語類云不耕穫二句伊川作三意說不耕而穫耕而不穫耕而不必穫看來只是也不耕也不穫只見成領他物事

語類以下私答

六三无妄之災

澂按傳以六三妄動之失為無妄之災言無理而得則雖或得之亦必失之不足恃也行人邑人互言之耳本義則以無妄亦為无望之義言不慮之患也行人牽牛公而邑人遭捕詰也此說覺本義簡切語類云自文王以來說做希望之望○又曰本義或作望

者以无妄之災无妄之疾皆是無故忽來之變又史
記有此二語皆作望也
又按程傳邑人所繫之牛爲行人所得只是二人上
得失本義行得牛而邑人見責併牛主共是三人然
則覺程傳爲長己酉壬九月二日

大畜

全卦大意 大畜之為卦卦變自无妄來初九來為上九内卦為乾〻之德健外卦為艮〻之德止有剛上而止健之義故名卦曰大畜四五二爻皆應乾体因此二義而系詞也則畜為畜止之義大象就二象説畜德之義則為蘊畜之義蓋卦之得名本由畜止之義故彖曰能止健大正也諸爻皆有止畜之義唯大象説蘊畜之義程傳則以蘊畜為本義而以蓄止為別旨此倒説也本義以彖為正説當從也

大畜利貞

亂按彖象二家皆解卦爻而彖先而象後故其取義

九

耳

或有不同大畜本取蓄止之義而象則別言蘊畜之義然兼以彖為謬也亦兼初含二義而彖象各明其旨也猶豫之為悦豫彖象俱无異義而彖辭則重門擊柝取豫備之義也程子謂取天在山中之象則為蘊蓄取艮之止乾則為蓄止似本具二説恐不然也

剛上而尚賢

亂按剛上而尚賢指上九爻也程傳唯言陽剛居尊位之上本義則言自需之九五而上以卦變也按彖凡云剛柔上下者皆以卦變而言其例尤多然蓋本義説則需之五上與大畜之五上互相易位也此自无妄之初九而來耳无妄之卦内体只一陽在大

畜則上而居外体為上九也

卦変図備傳義本

利涉大川応乎天地

亂按応乎天也傳義共云六五応九二唯一爻耳恐

难称天予謂四五二爻俱応乾体故云云也癸卯七月十日

九三良馬逐

王弼曰閑閑衛也衛護也進渇其時虽涉艱难而无患

也輿虽遇閑而故衛也正義曰虽曰有人欲閑閡車

輿乃是防衛見護也〇傳義共曰穿日月之日

六五豶豕之牙

正義曰能豶其牙者覌注意則豶是禁制損去之名

褚氏云豶除也除其牙也然豶之為除尔雅無訓案
尔雅云墳大防則豶是隄防之義此豶其牙謂防止
其牙古字假借雖豕傍土邊之異其義亦通豶其(豕)
謂止其牙也○經典釋文云豶符云反刘云豕去勢
曰豶○按傳義皆本刘說

頤

全卦大意　頤之爲卦上下二陽中含四陰有頤頷之象頤有養之義故名卦曰頤而系之詞也彖曰推及天地聖人之養大象又曰說言語飲食之道傳義亦无異同但云外實而内虛以爻之陰陽言上止而下動以二卦之德言以彖之所不言正義云山止於上雷動於下頤之爲用下動上止故曰山下有雷頤程朱之說蓋出於此　癸卯七月十日

象曰六二

亂按行失類也程子專取從上之凶朱子兼初上二爻而言程子蓋曰象只舉征凶字而亦不然諸象曰

例從舉一句包彖全文則朱子說可從也乙未三月

六四顛頤

亂按虎視耽〻程子意陰柔之人豈養其威嚴君子不重則不威之意朱子意誠一下賢也故曰下而專也語類錄曰音升載馬氏云耽〻虎下視貌則豈為下而專矣朱子曰然

大過

全卦大意 大過之為卦四陽而二陰〻為小而陽為大故名卦曰大過卦体初与上皆陰爻而二五在四陽之中卦從巽而説曰系之詞也大象以沢在木上因取存戒説獨立遯世之義程子以大象為本義而兼取彖説又曰過之大与大事過然其創説本義有可見也 癸卯

大過棟撓

按棟撓程子意一條橫棟中身強大而兩頭細弱故致撓區似是以六爻為棟也朱子意二陰衰弱無負重之力故撓似以初上二爻各為一棟也故語

彖云初上二陰不能勝四陽之重故有此象九三是其重剛不中自不能勝其任亦有此象然以初上不能負荷四陽爲棟撓於義未穩當從程說彖曰本末弱也分明一條横棟其本末弱耳若如本義說則是本末兩棟細弱也是本末二字不親切且屋裏只有一棟耳何得有二棟

澂按彖引四陽居中過盛上下二陰不勝其重則上無所附而下無所支矣故撓又曰棟直承而上宇兩垂而下故曰上棟下宇棟在中而直上者觀三四二爻可見又曰棟直而深横又曰四陽居中有屋棟之象不必大拘形似可也右諸說以棟爲楹甚誤也象

引不唯失棟字義亦且昧傳義之別芝之可矣

棟撓本末弱也

瀏按本末弱也程子謂陽多而陰寡陰勢之衰弱也朱子乃謂陰故弱也覌曰本末弱也則朱說為穩

大過之時大矣哉

瀏按若如傳說則是當大過之時之事將如義說則是當大過之時之人彖何以直言大過之時大矣哉所謂時者亦指剛過而中巽而說耳如豫頤等諸卦彖可見矣

象曰沢滅本

瀏按以象亦曰時存戒非体象也

九二枯楊生稊

𢿙按九二上取象于木下取象于人上言其用下言其所以

字彙稊杜兮切音題木稚易大過二爻枯楊生稊後作稊誤○正字通稊音題韻會夏小正柳稊稊也者發孚也案楊稊柳稊並从木此說稊艸之似穀者與木稚之稊別△稊又作蕛易枯楊生稊鄭氏作荑王弼云稊楊之秀也鄭作荑近是稊蓋荑之譌

彖曰老夫女妻

語類曰大過陽剛過盛不相對值之義故六爻中無全吉者除了初六是過於畏慎无咎外九二雖无不

利然老夫得女妻畢竟是不相当所以象言過以相与也○此說可補本義

九五枯楊生華

亂按楊君樹之生水旁者恐以卦有巽木兌沢之象而取之也彖之棟撓上六之過涉亦並取此肌抹三三

上六過涉

亂按過涉滅頂傳為小人履險滅身之象義為君子殺身成仁之事觀爻曰凶無咎而象叙之曰不可咎也則程傳似可從也

習坎

全卦大意　重坎為坎故名卦曰坎而坎之從為險故有重險之象卦体二五俱有剛中之象因系之詞也彖曰其義推至天地王公之險而賛其大坎之象為水故大象取水洊至之義言能行教事之事程傳朱義亦无異說

習坎有孚

容齋隨筆易舉正云云坎卦習坎上脫坎字亂按舉正本習坎上更有坎字也○又按大象亦曰習坎則无坎字為是

水流而不盈

亂按水流而不盈程傳言陽動于險中而未出於險此說自天一生水來朱子語類云水流不盈纔是說一坎滿便流出去一坎又滿又流出去李義謂行有常是也与孟子所謂不盈科不進意同然此二說与上言重險下贊險之時用不相干涉恐当不然鄙意則謂水流不盈此說重險之能耳言水脉流通而無盈溢之患有隄防岸崖為之險阻也故下云行險而不失其信也若夫無隄防之限則泛溢散漫豈能流行而不失其信也言水由險而能得其性也猶孟子水由地中行也或曰水是坎之象險是坎之德今併言之似未穩貼曰不然離之彖曰重明以麗乎正此亦

併言德与象亦何妨焉

天險不可升也

⿰氵亂按着傳義説則自然已上專説中孚之事未嘗言險之為德至然乃極言天地王公之險而賛其大可謂無頭柄説話可見上文所云皆是説險之德故至然云云也且不言坎之時用而云險者其意最可見矣

象曰水洊至

⿰氵亂按程子意則君子观水之信而有常而常其德行观水之洊習相受而習其教事也本義治己二字貼德行治人二字貼教事言二者皆当如水之洊至而

重習熟安之二說本義不可易也程子言信而有常者用卦辭有孚來然象象二說不可相混象上說水洊至而曰君子云〻則作行教事二者皆言如水之洊至也不可入孚信等字面且在卦言習坎者言險之相重耳至象則取水之相受耳教事二字程子謂教令之事此說事字陟從作行既是二事教事亦是二事可知教以號令言事以施設言

六三來之坎〻

澂按險且枕一句程子意六三居險之時其所居亦且支倚不安朱子意則以此一句覆解上文險貼來字枕貼之字故曰前險而後枕乎竊謂來之坎〻但

且

言來下則初六九二皆險此來之險也如易中所言
此之剥之益之革之假之皆以之字為助語其他無
以之為往者下曰險且枕則言後有險倚一卦為外
卦為之阻卻故曰枕且其所謂坎窞者傳義俱言六三
陷之益深予亦意此以六三為坎窞耳前有二坎
後有險設所謂進退維谷者是即坎窞也坎卦六爻
皆坎而初六六三又坎中之坎也故俱有坎窞之象也

六四樽酒簋

亂按樽酒簋貳程傳四字為句簋貳言二簋之食也
朱義從晁氏說於簋字下句貳字屬下讀訓貳為益
言益之以缶也擬象則程子說當從也本義象曰樽

字亦為衍文、私旬

離

全卦大意　重离為离故名卦為离而离之德為明為麗二五俱柔而中正曰系之詞也大象取二象而言繼明之義傳義亦无異說

癸卯七月九日

澈按程傳取陰麗於上下之陽則為附麗之義其說固也然彖象所未見也如彖曰重明以麗乎正及曰柔麗乎中正皆以居其所為附麗之義非附著于兩間之謂也思离之為麗則為附於兩間之義而至彖說麗明則不必由此義

考

彖曰离麗也

至典釋文乎土王肅本作地

重明以麗乎正

亂按易說明字有二義如曰重明繼明皆是就往而言如明兩作離及明入地中皆直言日耳

象曰明兩作離

亂按明兩作離程子兩字下句作字只做爲字解朱子兩作二字連讀語類云明兩作猶言水洊至今日明來日又明明字便是指日而言此說本陸佃說二說本義爲長

困学紀聞離言明兩作坎言水洊至趣而上者作也趣而下者至也此陸農師之說朱文公取之

亂按明兩作離程傳言離明相繼只是就重卦言明

佗之義耳李義則直日而說語數中可見大凡象皆
就天地水火而取其義故謂之象此處明字亦無如
明出地上晉明入地下明夷為日而說李義可從
經典敘文明兩作鄭云作起也荀云用也
焦氏筆乘离卦离麗也又云明兩作离礼昏經曰納
徵束布離皮白虎通云离皮者兩皮也三五曆紀古
者麗皮為礼离麗古通用 私勾

初九履錯然

亂按离德為麗為明初九程傳含二義為辭故曰志
在上麗又曰剛明之才朱子義只取明一義而不言麗
義故曰以剛居下而處明体六二亦然 私勾

十九

彖曰六五之吉

亂按離王公也程子云所麗得王公之位然以居君位爲離王公也本義注爻下注云迫於上下之陽然以附陽爲麗上謂上九下謂九四附麗王公之間也與傳不同予謂卦固以附陽爲離以彖麗乎中正例之當從程傳 亦私付

上九王用出征

亂按程子有嘉下句絕朱子折首下句絕見語類

天明二年歲壬寅夏五月重五夕寫畢周三更有半校就

佐々木惠定公擧記

周易傳義考異卷之五

咸

全卦大意　咸之為卦，卦變自恒而來，恒之初六上而居上，九四下而居三。卦德止說，卦象艮少男在巽少女之下，皆有相咸之義，因此三者而名卦為咸，而系之詞也。大象則以山澤通氣之義論虛受之道，程子專取少女少男之象為名卦之本義，朱義彖象各隨文為解，最為明晰。癸卯七月四日

柔上而剛下

亂按：柔上而剛下，傳義俱存二說，以卦體言則兑女在上而艮男在下，以卦變言則程傳謂二體本乾坤

柔上而成兑剛下而成艮本義謂自旅而來六五上而為上上九下而為五予則謂此自恒而互相變恒之初六上而為上六九四下而為九三亦如諸卦例詳于恒卦 癸卯七月初四日

卦變圖具傳義本

初六咸其拇

亂按咸其拇言咸如拇也非言咸于拇也咸有淺深輕重之異故隨爻各異其象二言腓三言股五言脢皆就肢体取義本義云感於最下則似是感於拇然本義注諸爻皆言取象則亦如拇如股之意也

九三咸其股

胤按執其隨程子謂剛陽之才感於所說而隨之蓋指隨上六也朱子謂下二爻皆欲動者云云蓋指隨初六六二爻也

九四貞吉

胤按憧憧往來只言心之私感耳傳義二說不異但傳以往來爲憧憧之意故云若往來憧憧然用其私心以感物則思之所及者有能感而動云云義則不以往來字爲不好底事只著一箇憧憧意則是不好底往來故以伊川說爲微倒了此意本義中不明說破詳語類以日往則月來等語爲證蓋日月寒暑之往來皆是自然之道無造作經營之私繫辭以此衍

彖

本爻之義則雖以往來為憧憧之意當從本義

九五咸其脢

亂按咸其脢程傳意非九五之象也咸九五之辭朱義則為九五之象也以諸爻例推之則朱義可從也○程傳言其所感者必其所見而說者則是偏狹之私非人君感天下之道也克棄其私心如背之不見物凡其所感者皆物來順應而不必己之所見而說則無悔也是咸脢二字好的字面朱義則帶不好意故象曰志末也解二象亦異

上六咸其輔頰舌

亂按咸之六爻除九四取象于心是實事外如拇如

腓如股如脢皆是虛象非有其事也唯上六咸輔頰
舌耶是實事虛柔說体感人以言而無其實也此易
之所以不泥一義也

三

恒

全卦大意 恒之為卦卦變自咸而來咸之九三上而居四上六下而居初卦象雷風卦德巽動卦体陰陽皆相応然皆有恒之象故以名卦而系詞也大象亦以二象言立不易方之義程子以震長男在巽長女之上專取夫婦之義然彖象之所不言而以彖所說四者為旁說本義彖象各随其文解最可從也 癸卯七月四日

亂按咸有男女之象則彖既言之矣恒有夫婦之道則未之聞也恒之所以成卦者由剛上而柔下等四者也彖既明言之序卦云夫婦之道不可以不久故

四

受之以恒兼上咸卦有夫婦之象而言非言恒有夫婦之道也程傳云咸論交感之情恒論尊卑之序其說尤有理然至論恒卦則不可用也程傳又云男動于外女順于內亦彖象之所不說所言李義只從彖所云四者矣

剛上而柔下

亂按剛上而柔下傳義共具卦体卦變二說傳主卦變義主卦体竊按凡彖之例說卦体者如曰上剛下險損上益下皆說卦体今曰剛上而柔下則卦變可知矣卦變之說傳義亦不同傳言上体本坤乾之初剛上而居四為震下体本乾坤之初柔下而居初為

巽義則言豈之初九九二互來相變也若如程傳則所謂剛柔二爻何以知爲乾坤之初爻哉此可疑也將從本義則豈恒二卦互相換易也且六十四卦何卦之不可言哉予謂此自咸來耳咸之九三上而爲四此剛上也咸之上六下而爲初六此柔下也

卦變圖具傳義本

利有攸往

溫按利有攸往傳義二說其義不異至其旨趣則大不同傳云天下之理未有不動而能恒者也又曰恒非一定之謂也可見以動之端見天地之理也義云動靜相生必以靜爲主可見以靜爲道之本也後卦

云其見天地之心乎傳義二家其說亦不同是知程朱二家其見理不同朱子祖周子無欲主靜之說而異於程子也頭腦不同處處皆隨初學之徒不知其有異同鶻突看過故丁寧焉

上六振恒

漁按傳義共言恒極則不常此義恐不可從也此卦六爻皆說恒上六在上而震之極故有以振動爲恒之象蓋言恒極則不常則振字内含不恒是以不常爲恒也其義自相矛盾且不常者恒之反也諸卦例豈極則相反乎哉九三說有不恒之象然亦非由恒極之義也且與九三之象似相重複

遯

全卦大意

遯之為卦卦体二陰漸長而陽將退避九五當位而下應六二故名卦曰遯而系之詞也大象曰二象而說遠小人之道程子以大象為本義而以彖為旁說朱義可從也 癸卯七月九

遯亨小利貞

亂按小利貞程傳意利小貞本義意以小為小往大來之小言小人則利於正不可犯陽也二說当從程子朱子曰善如程傳所言則於剛当位而應与時行也之下当云止而健陰進而長故小利貞今但言小利貞浸而長也而不言陰進而長則小指陰小之小

可知然易指陰為小者皆對大而言如曰小過大過小畜大畜皆然無單言小而為小人者且卦爻說元亨利貞者皆是本卦之才一串之事不可分析蓋言遯之時陰類將長為君子者苟竊治其黨使無所容則往〻能致害君子是所以小利貞而象云不悪而嚴亦是此意易中此意思尤多屯之九五曰小貞吉賁之彖曰亨小利有攸往既濟之彖曰亨小利貞其例尤多

龜按既濟及遯皆曰亨小利貞既濟之彖曰既濟亨小者亨也此以小亨屬上与此卦不同當攷

初六遯尾

亂彼初六會有遯尾之厲而柔微在下易于晦藏不比各位隆重者之責大任重也苟露往遯之迹則逼欲嫌猜不如不往遯而素位晦藏也此程子之意也以往為遯之意朱子意則不可舉動耳象曰不往何災義亦隨異

六二執之

亂彼六二之辭傳義意義大異矣傳言六二會在遯時而中順相應其爻之牢固不可言說也義言六二之時其志在必遯中順自守會欲移奪而不能解脫其志之堅固也(執)字傳為拘繫縛之義〻為執守之意(說)傳為言說義音吐活切為解脫之意也觀象曰固

志也則無説二五相応之意恐当從本義

上九肥遯 此段松白

王弼釈文子夏易傳肥饒裕○焦氏筆乘遯卦肥遯無不利肥古作𩇯与蜚字同韻書訓别也則肥当從𩇯○鄭大史易會曰肥字古作𩇯与蜚字相似後世因譌為肥字九師道訓云遯而能飛吉孰大焉張平子思玄賦云欲飛遯以保名嘗子建七啓云飛遯離俗金陵攝山碑緬懷飛遯皆可証上處卦外去陰最遠无比无応處已遊世其体乾其位天故為蜚遯之象然非蜚而去之謂超然天遊神機玅筭无轍迹无行地斡乾轉坤而世莫知若子房者是已

名 有 乎

大壯

全卦大意 卦所以大壯壯者本只取四陽進長之義卦辭亦然彖以其剛而動之義又發其義大象曰雷在天上之象說履禮之義程傳先說剛而動而次言陽長過中之義似亦倒說本義解卦辭止牽卦体一項瀉之

象曰雷在天上

亂按程朱只以自勝之強為解蓋依克己復禮之說然覺甚牽強予謂君子敬畏天道勿敢少逸豫雷者天之怒也恐懼修省所以當時而敬非禮弗履所以修之乎素皆莫非所以敬天而克慎其身也

癸卯六月廿六日

程

九二貞吉

瀓按貞吉程傳謂在大壯之時剛柔得中故有貞吉之象朱義九二不正故存貞吉之戒擬象曰以中也則程傳可從也丁酉十月九九夕

九三小人用壯

瀓按貞厲程傳謂貞固守此則厲也朱義謂雖正而厲也就九三得位之正而言丁酉

九四貞吉

瀓按傳云重剛而居柔此與本義之例不同文言曰九三重剛而不中程子曰三重剛剛之盛也朱子曰重剛謂陽爻陽位文言又曰九四重剛而不中程

傳無說朱子曰重字疑衍蓋朱子以陽爻居陽位者爲重剛程子不必如此凡陽爻皆爲重剛故此卦九四亦云

六五喪羊于易

亂披喪羊于易程傳以羊爲四陽爻之象云喪易者六五以柔制之也朱義以羊爲六五本爻之象言以柔居中忽喪其壯也程子必以羊爲陽剛之象故以爲四陽之象然上六亦云則似不必相拘○本義云卦体似兌有羊象焉語類云此卦多說羊羊是兌之屬季通說這箇是夾住底兌卦兩畫當一畫又曰中孚使是大底離小過是箇大底坎又曰中孚是箇雙

夾底离小過是箇双夾底坎由是推之則遯有巽之象臨有震之象觀有艮之象或云李義以互体說三四五是兌卦誤矣

上六羝羊觸藩

亂按艱則吉程傳言遇艱厄則失其壯而得吉也此艱字只為厄难之意朱義言能艱而処則吉也此艱字只是敬畏重難之意

晋

全卦大意　卦之所以名晋專就上下二象取進而光明之義辭則以卦象及卦德順而麗明卦變明夷之六二進而居九二系之辭也大象又就二象取義卦變傳義二家考異各見于下　癸卯六月

晋康侯用錫馬

亂被柔進而上行程傳以離上而言固指六五然不以為卦變朱義以為卦變云自觀而來六四之柔進而為五予則謂自明夷而來五二進而為六五耳如諸卦例　癸卯七月十一日

卦變圖具本義本

彖曰晉進也

亂披彖辭卦象卦從卦變三項本義併舉三者以解卦辭程傳只取順麗大明一節以解卦辭注中自可見矣予謂明出地上只是釋卦名義卦從卦變二者以釋卦辭程傳只偏舉卦從本義併及卦象俱未為得也然卦辭亦以卦從卦變二者解釋也

亂披彖曰三句分說卦象卦從卦變三事程傳以卦象卦從解卦名義以柔進一句解卦辭程傳明而順麗一句似是用彖曰卦從然以六五爲体而柔而言非通一卦而言也傳云六五以柔居君位明而順麗爲能待下寵遇親密之義是以爲康侯用錫馬蕃庶晝日三接也明然以柔進

一句釈卦辞也然与先解卦辞專取順而麗明一項
自相矛盾矣本義則与此異注中自可見矣予則謂
明出地上一句此專釈卦名義順而麗大明已下乃
說卦辞耳蓋以晉進也一句為釈卦名義則其所以
得晉之名者則亦無下落必曰明出地上而卦之所
以名晉者不可易也且明夷晉之反也其彖辞明云
明入地中明夷其下継以内文明外柔順句与此卦
一例然則以明出地上一句屬上句其下当注云以
卦象釈卦名義順而麗二句接下其下当注云以卦
佗卦変釈卦辞如此而後脩貫始明大抵易中卦名
与卦辞義異者尤多如履蹇困等可見彖曰多混說

雖看不如後世文字関鎖甚緊然細看亦自可見

初六晋如摧如

胤按晋如摧如程子云或晋或摧皆尚貞正也朱子言欲晋而遏摧也以二之晋如愁如例之則本義為長

九四晋如鼫鼠

胤按程傳同德字有二義所謂乾坤純体以同德相應及此与上同德者言陰陽同位耳蹇傳所謂上下同德言六二九五陰陽之相應耳

六五悔亡

胤按失得勿恤傳義之異自可見矣朱子云伊川說

淂太深。拟此爻只是占者占得此爻，則不必恤其失
得，而有亦無所不利耳。如何說淂人君既淂同德之
人而委任之，不復恤其失淂如此，則蕩然無復是非，
而天下之事乱矣。假使其所任之人或有作乱者，亦
將不恤之乎？且以堯舜之聖，臯夔益稷之賢，猶云屢
省乃成，如何說既淂同心同德之人而任之，則在上
者一切不管而任其所為，豈有此理？

明夷

全卦大意　卦之所以名明夷者亦就上下二象取明入地中之義為明從夷傷也彖別取卦從內明外順之義言文王之事以配卦六五一爻專說箕子之事卦辭亦依此說艱貞彖曰說箕子之事大象則就二象取義大抵与晉卦相反癸卯

亂按論明夷卦名唯坐言明者見傷也若云明傷而昏暗則似明者有昏暗之時且与暗君之暗相混矣若夫言上六一爻則固有昏暗之象明者那有昏暗地

彖曰明入地中

之

亂按明夷所以得名者固以内外二象也若夫内文明而外柔順者亦是内外卦德耳然既非卦之名義亦非所以釋卦辭也以卦具明順之德而蒙夷傷之難偶有似文王之事别發演其義此諸卦彖之所未有也

初九明夷

亂按初九爻傳義二家大抵相近但有攸往主人有言句傳意謂禍未至而去俗人有疑怪之言也本義連上三日不食句共作艱厄之義所如不合句貼主人有言二句

六二明夷

之

亂按程子不取明夷之義只以三上敵應言以明去暗之事故以為湯武之事朱子兼取明夷之義故曰垂於至闇之下因以湯文當之蓋武王有明德而未見夷傷也湯之夏臺文之羑里皆聖人在乱世處大難是明夷之象也

六四入于左腹

亂按六四一爻傳義之說大異程子以為小人之事朱子以為君子之事傳意以為陰柔小人以僻左之道入君心腹蠱惑其心而肆行于外所謂明夷二字指六五之君言本義云左腹幽隱之所蓋指坤体至闇之地言君子雖在闇地而其爻尚淺可以逃去而

十四

得其意矣不比六五之切近上位不得自由也明夷
二字指本爻之人言然畢竟其義不明故本義以爲
未詳今竊較二說以六五爲君位固似太拘且明夷
一卦除上六闇之主外皆是己之明德爲人所夷之
象故五爻皆著明夷字則是君子遭亂世之事雖特
以六四爲小人當從本義詳于語類

上六不明晦 完知

亂被明爲人所傷君子之象下五爻是也自傷其明
者小人之象上六是也故下五爻皆曰明夷而上六
唯曰不明晦不止言晦而曰不明晦者在明夷之上
本當明而却不明以至於晦也

象曰初登于天

亂按初登于天程子以明当及遠言朱子以居高傷人言玩象曰照四國也則程傳可從也本義小象注云照四國以位言稍覺牽強何者錄辭夲始終者言前後之異德耳如唐玄宗是也若如朱子義則雖有人己之别而無始終之異一於晦而已矣固難言於明夷之時本義以上六一爻牢爲小人故云云尓

亂按就卦而言則以明入地中爲明夷在爻而言則六爻各有明夷之象故上九雖晦之極而其初也尚有登天之明所以象以照四國而觧之益信程也說之可從矣或云明夷之時那得有明盖不然也明

之見夷故為明夷若本無明何得言明夷 私白

家人

全卦大意 家人之所以得名者，只以六四六二之得位耳。彖衍其義，就九五六二說男女之正位，遂言父子兄弟夫婦之道。象取其象曰風自火出，皆非名卦之本義也。蓋夫明內而巽外，程子之創說，而彖象之所不言。程傳混合無別，尤為難曉。且明內而巽外，與明夷彖所謂內文明而外柔順者不異，以此為處家之道，稍覺不切。凡卦德卦象，諸卦皆有，彖中或言或不言，各有所主，而不可漫言也可見矣。

家人利女貞

瀷按：家人有二義，有為一家之人者，有為婦人者，詩

一十八

云宜其家人者家室之家并言則蓋婦人之事漢書所謂家人子五代史家人傳等皆如此大學引詩曰宜其家人而後可以教國人則是為一家之事說今名卦爲家人者恐亦閨門內婦人之事卦辭云利女貞爻爻多說婦人可見矣爾雅云室內謂之家亦可証也然彖中所說只是治家之道耳恐彖或外卦辭而別發一義也

彖曰家人女

亂按咸之彖曰男下女者就兌艮二象言家人言男女者主二五兩爻言易之不可為常也如此

家人有嚴君

亂彼家人利女貞者家人卦離下巽上中女長女之象六二六四各得其正故曰利女貞爻中六二說女中饋六四說富家大吉象曰順在位也可見此二爻專為女子之正彖則別就九五六二之各得其正而發男女之正非卦辭之本義也傳義只以彖直為卦辭之義恐不免混合爻若以九五六二之各正其位為家人卦則六十四卦中十六卦有此体就不可以為家人之卦也哉若就卦体有離兌巽三女之象而求其内外各陰得位者則除家人之外亦無復可為家人之卦且易中說男女多就卦体有離兌等而言則彖之所說蓋別義也大抵易之為道上下無常不

可為典要故其解義亦流通圓活無一定之則例若以彖象或異其義卦爻不同其象家人卦就二四而発女貞而彖則取五二之正亦此義也不知從前易家亦有如此解者乎研索良久潛會大易之玄旨敢忘狂僭錄諸上幀旹癸未重陽前一日長胤記

彖曰六二之吉

胤按六二程傳以為男子之事中饋已下折轉說婦婦人上猶觀之六二利女貞恒之六五婦人吉也朱義全為女子之事細玩繇辭二句是一串事不可分說且彖辭之云順以巽也彖女正位乎内者亦指六二則是女子之得道者若為丈夫之事小象那言順

巽之吉本義可從

按在中饋分明說婦人之事雖暫說在婦人意詩無非無儀唯酒食是議及礼内則所載多飲膳烹調

九五王假

觀按王假有家程子意主者盡其有家之道也朱子意有孚是虚孚王者以其德至于家也之事皆与此爻意般

睽

全卦大意

睽之為卦以二象取名上火下沢其性不同中女少女其志不同因此二義名卦則非吉卦也以卦徳說而麗明卦变家人之二進而居五卦体二之中應五之柔柔小事吉辭也彖亦推睽之徳極之于天地万物也大象則就二象而說群而不党之理

卦变圖具傳義李

說而麗乎明

澂按柔進而上行程子直以六五居居尊位而說朱子則作卦变說凡彖云進云上者皆說卦变則從本義為是然卦变之說若如朱子說則二爻互換位也前

屢辨之矣且言二爻易位則六十四卦無不可言彖
進而上行者其不可言者唯乾坤否觀剝遯姤七卦
耳彖中或言之或不言則可見各是卦之所專而不
可通他卦也彖說柔進而上行者凡四噬嗑晉睽鼎
四卦耳此四卦上体皆离有六五之爻覌其反對之
卦噬嗑之於賁晉之於明夷睽之於家人鼎之於革
其下体皆离亦有六二之爻蓋陰爻自内体之二而
上居外体之五也睽所謂柔者自家人之二而來耳
蓋六十四卦之序反對相比凡三十二副彖曰往來
上下者皆反對中自相往來耳此予讀易之次千慮
之一庶幾後世好易者之或見信也 癸未四月四日

又按除噬嗑晉睽鼎之外大有旅未濟三卦亦皆言上何以不言柔進而上行乎大有曰柔得尊位大中而上下應之旅曰柔得中乎外而順乎剛未濟曰柔得中也其取義有所專主而不必相同然其所謂柔者皆指六五而言則噬嗑等四卦所謂柔進云者亦皆指六五而言可知矣程子知柔之為六五而不知其進之為卦變朱子知進之為卦變而不知柔之為六五所以俱不得彖之本旨也

卦變之圖具傳彖本

天地睽而其事同也

亂按天地睽一節程子以為合睽之道恐不然也蓋

睽者乖離之事本非吉卦但卦辭曰卦從等有小事吉之言彖曰推稱睽之義而推之天地万物上也然曰睽異取其義非合睽之謂也言天高地下其勢乖違故能成陰陽化育之功男外女內其事乖異故能成應事接物之務万物之象火炎上而水潤下其性乖異故能成調和烹熟之劑皆以其乖異而能成其從者初無所異同何以成其事此睽之所以為大也

癸卯六月廿七日

六三見輿曵

亂摟其人天且劓程傳只言六三力進以犯之失義謂上九猜狠方深故有髡劓之刑 丙午正月

天明壬寅之夏五月初八夕寫畢之

明日九日校終

佐々木東溟道公緯謹記

周易傳義考異卷之六

蹇

全卦大意　蹇之為卦艮下坎上遇險而止故有蹇難之義卦變自解而來九二上而居五故卦辭有利西南利見大人等辭大象則以二象取義

蹇利西南

胤按貞吉之義二家不同程子為大人之貞吉朱子為利見大人者之貞吉玩卦辭二句平說則本義為優

胤按西南坤方東北艮方坤卦及說卦固有明文蹇卦坎上而言西南者坎本是坤由五之變而成坎固如程子之說然不言五本自何變來也予謂自解卦

之九二而進往于五耳凡卦変皆反对二卦交迭而言予向屢言之矣如朱子義則東北之為艮則可知而西南之為坤則不可知止言西南平易東北險阻又卦自小過而來尤難解也且解者蹇之反也其卦内卦為坎故其辞亦曰解利西南然則蹇之西南以坎中之変言可知矣是明證也大凡看此卦者須与解卦辞併看

亂按本義中兩用險字其義有二意所云見險而止之險字本于彖曰意就坎之德而言不宜走之險之險字就艮之象而言然易中言險皆指坎而言則不可以艮称險也所云不利東北者觀彖曰其道窮也則

不為艮山之險阻可知矣程子題注云前有險陷後有峻阻亦是以艮為峻阻亦不可從也

澂按程傳卦辭注三字險字止而險字止而險止于危險止于險皆指艮而言与彖所謂見險者指坎而言異矣夫艮固有山之象山則多險阻然彖辭卦德山曰止水曰險則其別亦不可亂也所云西南東北者就卦體往來各就方位而言亦未必平易險阻之云也

蹇利西南

澂按蹇坎上艮下解坎下而二五二陽爻互相往來故俱曰利西南蹇之九五自解之九二而往解之九二自蹇之九五而來觀二卦彖可見矣完句

朱語類云蹇無坤体只取坎中爻本義何不以此說
觧耶

卦變之図本義本見

利見大人

亂按卦辭貞吉傳義俱以自二以上五爻皆得正而
言然彖曰當位貞吉以正邦也則貞吉當就九五一
爻而言大抵此卦九五為主方蹇之時利得其君以
成功也　乙巳十二月廿一日灯下

六二

亂按程子王之与臣俱蹇于蹇朱子為王之臣蹇而
又蹇六二是臣人之位不可夾带王也本義可從也

六四往蹇

亂按六四與六二九三俱有得位之正而四與三相比初六皆不正而與六二同陰相比則四爻相附而四為之首程傳兼此數義以解來連之義也本義只就九三一爻與四相連而說據象則覺程傳之可從也 丁酉十月

九五大蹇

亂按朋來程傳就二五相應上說指六二為朋也六二陰柔故不言吉朱子義只解人之親附不必取二想朋是同類雖必斥一人也 丁酉十月廿九日

解

全卦大意 解之名卦專以坎下震上卦德動而出險而取解難之義卦辭則以蹇之九五來居二而曰利西南也大象則以二象言雷雨解散之義

完句

亂按蹇上体有坎解下体有坎故俱云利西南皆以坤之中爻變言耳然解而言則曰來復吉以九二爻而言故彖曰解利西南往得衆也其來復吉乃得中也然蹇而言則曰利西南利見大人以九五爻而言也故彖曰蹇利西南往得中也利見大人往有功也凡往者自下而上來者自上而下自解而往則蹇之九五自蹇而來則解之九二皆坎之中爻也故俱曰

利西南

卦變之圖見傳義本

亂按西南爲坤說卦既有明文而解之內蹇之外俱有坎是坤之中爻變也程傳不可移易吾本義既有二爻相變之說不取程易自乾坤變之說故其解蹇卦但云利西南平易耳而至此卦曰三往居四入於坤体尤屬牽搜且解卦有坤体則西南之義可解至於蹇卦則從本義說則無坤体之可言此尤所不曉且此卦變爲外則因三往居四有坤体之可言自外而來則四來居三何所見坤体也哉蓋本義卦變說至此窒礙欲強說西南之爲坤故不免牽強

又曰姑從本義說則解之利西南固有坤体之可說至蹇之西南則本義亦不言坤体夫同一西南也在解則說坤而蹇則不可說豈有此理哉若從程說則彼此相通不待多辯

解利西南

亂抄解利西南自解之二而往蹇之五也故云往得衆也若自蹇之五而來復入解則為九二故云其來復吉乃得中也

天地解

亂抄彖每卦從卦体為說或取卦爻其言卦象者亦取男女之象唯坤家人睽及此卦就二象取義

易之取義唯其所通然亦可見爻且然取象与諸卦不同不直解卦辭而推言取二象此六十四卦之所无也 私勺

亂按彖曰天地解而雷雨作彖則曰雷雨作解其旨不同程傳天地解散而成雷雨則拠象而言也雷雨作解当做雷雨作而物之鬱結解散之義 乙巳十二月廿一日

損

全卦大意　損益二卦相対立名皆取卦体為義非相往来也此卦内卦上畫陰而外卦上畫陽〻為益陰為損故彖云損下益上此所以名損也卦辞曰説倹損之義言文質損益随時消息之道也大象曰二象言懲窒之義其別自可見矣　癸卯

亂按損下益上程傳兼具四意然与益卦所謂損上益下對看則此卦亦取六三上九之変一説可参至山下有沢則未必有損下益上之意此大象之所取義非命卦之本義也

彖曰損〻下益上

瀾按損下益上傳義共言剥民奉上之義故為損也此拟益之彖所云益損上益下而言也竊意不然也益彖曰益損上益下民説無疆則自儉利民之意今此卦曰損下益上其道上行則不可解剥民自厚之義也蓋易尚変易其辭無定例其語勢相類而其取義不可一樣其曰損下益上者亦言進儉損之道非損基本以為高之謂也

象曰山下有沢損

瀾按山下有沢損程氏無甚異義程傳甚覺牽強且損下云者就成卦言耳大象無其説或牽損益二卦大象問朱子〻〻曰伊川将来相牽合説某不曉看

○填　○當

来人自有迁善時節自有改過時節不必只是一件事某看来只是懲忿如摧山窒慾如壑迁善如風之迅改過如雷之烈然亦勝於傳義之説大抵大象之取義只取二象推之君子身上説不必緊説卦之名義程子必合説卦名卦象故不免有牽扯補湊之弊若以窒慾為損則改過亦不可為損也哉若以改過為益則懲忿亦不可為益也哉故就二象取義而畧帶卦義而説可矣又詳于下卦

初九已事遄往

瀏按已事遄往程子之意功成名遂而身退之義泛蠡張良以之朱子之意公耳忘私國耳忘家之義如

一七

禹之治水不入其門是也然初事之始非成功之地

且象曰尚合志也則当從本義也

六三三人行則損一人

亂按三人行則損一人程傳謂上三陰下三陽之中各損一人也本義則只就下三陽而言予謂損云者損陽而益陰之謂彖之所謂損下益上亦此義雖以上六爻易剛而言損故程子云但言其減一耳亦不免費詞况此象於六三而言可見三人云者共下二陽而其所損者即是六三本爻不可併上六而説当從本義

亂按一人行則得其友程傳亦兼取初与二四与五

俱

同位相比三与上陰陽相應而言本義則只就三上
相應而言此亦當從本義何者一陰一陽對待以生
故象曰淂其友系詞衍其義云男女搆精万物化生
可見所謂淂友者指六三之陰与上九之陽相應也
若夫初与二四与五俱陽陰不可取天地男女之
象也且通全卦觀之則固如程傳之所云然大易必
于六三系之詞則其就本爻言益明矣

象曰一人行

亂按爻有二句象曰何以特牽下一句耶三人行損
一人只是言六三之自陽而変陰耳未及生生之義
也至一人行則淂其友始見陰陽对待二則生三則

八

乱也所以舉一人行一句也三則之三不可与爻辞三人行之三字混看

六五或益之

亂按六五爻詞程傳益之朋之兩之字下各句絶言益之則十朋助之龜筴不能違言天人叶應也本義則或益之十朋之龜七字作一句言益之以十朋之宝龜也則是以十朋為龜之數亦以龜為宝器耳皆与程子異矣予謂十朋之龜固一事字面固難以十朋之絶句為衆人相助之意然觀其曰不能違則是分明龜卜之事不可解為辞熠之意洪範云龜筮共違于人是已然則以龜為龜筴則当從程子以十朋

尒

為龜則當從朱子正義以十朋之龜不克違為一句尤是

按篆引本義兩龜為朋當作兩貝為朋蓋誤也今大全作兩龜古易古板本義作兩龜竟不可曉又云兩貝為朋者貝為甲蟲也古者以貝為貨朋直二百一十六龜十朋直二千一百六十也龜寶物也十朋之龜大寶也本義或以此益之此即十朋之龜也蓋從象上說明其為益之大耳而非所謂大寶曰位之意也

澂按字書漢志注兩貝為朋詩注兩尊曰朋朋未嘗言兩龜為朋也當從篆引說作兩貝十朋之龜猶云萬

鎰之玉言龜直十朋耳古注觧十朋引爾雅十龜未的

上九弗損益之

亂按弗損益之經子意不損於下而益之朱子意不損於己而益人竊按損者損陽之謂九二既曰弗損益之此不自損之事則上九之弗損亦是不自損其陽之義當從李義得臣无家二說相近

益

全卦大意 此卦與損卦互見外卦下畫陰而内卦下畫陽故彖曰益損上益下此所以名益也二五俱中正巽之象爲木二卦之德動而巽曰係之詞也大象又因二象言遷善改過之義程傳以大象爲正説而以彖爲旁説朱義自明矣 癸卯

利涉大川

徵按木道乃行程子改作益字朱子不從語類云渙卦説乘木有功中孚説乘木舟虚以此見得只是木字又云巽爲木是卦中取象震爲木乃東方屬木五行之木也五行取四維故也程傳所引或説未詳其

人朱義適与此同乎謂巽之為木象易中明言之震之為木以後天之卦位強配五行耳彖象無其説而渙中孚二卦其上体皆巽卦辞俱云利涉大川彖皆以木釈之適与此處符合故此卦當以巽体觧之而不可并説震也易中言利涉大川者多矣而有巽体処乃説木蓋言舟楫之利耳本義意亦如此唯言震為不可耳

　天施地生

徧搜諸文彖多初説卦從而推至天地聖人上此七卦言天施地生亦是言天地之益耳本義云乾下施坤上生亦上文卦体之義不必拘也

오

象曰風雷益

㴱按風雷益傳義皆云風雷二物其勢相益然大風之時未必有甚雷而甚雷之時亦未必有疾風大象之取義恐不如是之踈也但語類中有一說云遷善如風之速改過如雷之猛有二件此說却可從也大抵本義之成不如集註章句之屢經改定故多未定之見語類中或言及之此等說亦可補本義之説

六二或益之

㴱按六二或益之傳義異同與損九五同或益之程子說受衆人之益朱子說在益下之時故受下之益推象曰或益之自外來也則本義覺優損之六五

十

曰六五元吉自上祐也併考其例則象分明言受上之益予謂當主九五而言 己酉十二月

亂按或益之十朋之龜不能違損之六五亦言之損益二卦互相往來損之六五即益之六二故二卦俱言之下夬姤俱云臀無膚亦同 同上 私白

有

夬

全卦大意夬之爲卦以五陽進決一陰立名且系之辭也大象曰二象言施祿及下之義程傳先象而後彖並爲兩義 癸卯六月

亂按孚號惕號程子音去声作號令之事朱子如字爲號呼之義語類云夬卦中號字皆当作戶羔反唯孚號古来作去声看来亦只当作平声

告自邑

亂按利攸往程子意君子之道未至宜進而往朱子意如此則利有攸往以諸卦例推之本義可從也

象曰沢上於天夬

亂按居德則忌王弼作明法禁之義程子作約防之義本義闕疑予謂六十四卦大象或正而取之或反而言之如乾之法天行而自強不息坤之法地勢而厚德載物皆正而言之諸卦皆然如訟之天水違行而作事謀始家人之風自火出而言有物而行有恒此反其象而取戒者也夬之大象兼此二者澤決於天則注流於下君子體其象而施恩祿以及下此正取其象者也若夫修己身則檢束防禁使無壞決居德猶居業之居忌謂忌諱蓋言居德則忌其決溢也此反而言者也正反兼舉六十四卦中自爲一例丙午正月十七日

按程傳說夬之象自具二意以施祿及下爲決于上而注于下之象則夬是惠下之道自爲美事又曰有防禁則無潰蔽則夬是壅潰決潰之事二意溷合不明

九三壯于頄

亂按壯于頄程子爲在上而未極于上之象朱子爲陽剛壑決剛壯見于面目之義程子說覺不的切以初九壯于前趾例之則當從朱義也君子夬夬傳義俱爲果決其決然以乾乾蹇蹇謙謙坎坎等語例之則只是言決之甚耳程傳以此句移于獨行遇雨之下然若濡字兼遇雨字來則當如旧不改矣若濡有慍程子爲己之慍朱子爲諸陽之慍以無咎觀之則

為佗人之慍為長害　如慍于群小之慍而不可倣人
不知不慍之慍也
此章大意謂九三在夬之時陽剛不中在下之上欲
决小人而壯見於面固凶之道也然君子夬夬之道
不可已止必有其道
九四臀无膚
次且牽羊悔亡程傳意羊者群行之物指諸陽九四
剛决不足故欲其自强牽挽以從群也本義則謂九
四不中不正宜有恬退故如牽羊者之隨後而進不
与諸陽並進而甘居其後則可悔亡也傳主其進義
主其退只傳意稍涉牽强不如本義之易解也

亂按莧陸本義只取其感陰氣之多耳程傳以其桑脆易折兼取決斷之易也王弼云莧陸草之柔脆者也決之至易故曰夬〻也程子說蓋本於此

亂按莧陸之象朱子只取感陰之多程子兼取脆而易折而寓決斷之易夬〻二字程傳屬上朱子屬下夬〻中行言決之不暴而合于中行也 昨夕 酉十二月廿四

明張綸林泉隨筆云夬卦莧陸夬〻朱子莧馬齒莧陸商陸也一名章陸程傳誤以為一物本義亦欠添改說郛 二段 秘句

姤

全卦大意姤之為卦以一陰遇五陽取姤遇之義名
卦且系之詞也彖曰推言相遇之道大象則曰二象
取命令周遍之義程子先大象而次彖者不当也本
義得之 癸卯六月

姤女壯

亂按女壯程子以為一陰始生漸將壯大朱子以為
一陰而敵五陽陰之壯

彖曰姤遇也

亂按柔遇剛也程子以為陰与陽遇也朱子以為阴
与陰遇也本義云一陰而遇五陽則似亦為陰遇陽

也然此自觧卦辭女壯句耳其曰卒然值之如不期而遇則此觧卦名義陽遇陰也然彖所謂柔遇剛者分明觧卦名義為陰遇陽也則當從程子也朱子牢執以卦配月之説故不免迂就

剛遇中正

亂按剛遇中正程子取二五之相遇也朱子以九二之非正而特就九五一爻説其位德之相遇也九二固非正也然此等處當活看上説天地之相遇此説君臣之相遇故曰天下大行也當從程子説或説剛中之臣遇九五中正之君亦無此疑

姤之時義

亂按姤之時義程傳贊遇道之大也本義謹一陰方生之漸也此說当從程子諸卦中如復臨或說月然不每卦必如此也姤之名卦以陰遇陽也彖辭其義畢而推之于天地君臣上贊其相遇之利益结之云姤之時義大矣哉正是兼上文數節也朱子必欲以卦配月之說處處說著故至此亦云然不与上文相接不可從也語類云上面說天地相遇至天下大行也正是好時節而不好之漸已生於微故当謹於此此說亦不明

象曰天下有風姤

按大象称君子者五十三称先王者七称后者二称

大人称生者各一称上者对下之辞厚下安宅是也程傳不举称上之例蓋与大人君子相通不及特發九也

初六繫于金柅

亂按繫于金柅之吉有攸往之凶程傳皆拟陽而言故云固止使不得行則阳剛貞正之道吉也云云本義則拟陰而言故云靜正則吉往進則凶程子之意蓋謂易為君子謀而不為小人謀故此爻專就君子上寓戒然陽善陰惡各有其兆陽有处陽之戒陰則有处陰之陰之戒初六既是陰爻唯当從本義也己酉十二月廿四日夕

九二包有魚

瀓按不利賓程子意包苴之魚儉薄不能遍及衆賓也朱子意直為不利使遇衆之義不与包魚相関然程傳云遇道当專一二則雜矣則亦与李義意相近

九三臀无膚

瀓按臀无膚其行次且夬之九四亦言之蓋夬与姤相変番轉則只是一卦夬之九四即姤之九三皆介乎二陽之間故同其辞

九五以杞包瓜

王弼曰杞之為物生於肥地者也包瓜為物繫而不食者也○正義曰先儒説杞亦有不同馬云杞大木

也左傳云杞梓皮革自楚往則為杞梓之杞子夏傳曰作杞匏瓜薛虞記云杞杞柳也杞性柔刃宜屈撓似匏瓜又為杞柳之杞案王氏云生於肥地蓋以杞為今之狗杞也○亂披傳云杞高木而葉大栽高大堅實之木蓋從馬融之說為杞梓之杞也 圖下私句

亂披以杞包瓜程子為人君下賢之義朱子謂九五之陽防初六始生之微陰蓋朱子牢主張以卦配月之說故解此爻亦必取陰陽相勝之義然姤之為姤邂逅之義而五爻皆說遇道為陽遇陰之義也且九二九四二爻說包字皆為相遇之事況象之所演者亦未必陰陽相勝之義也則此爻當斷從程子也

上九姤其角

亂根姤其角傳義不異但程子說無咎爲無所歸咎也朱子不注無咎之義然云象占與九三類則是亦無咎耳蒙引云既無所遇則無陰邪之傷故雖吝而無咎此可補本義之說

十七

○卦

革

全卦大意 革之為卦以坤順兊說九五剛中而應名卦且系之辭也大象曰二象說徹脩之道程傳專以大象為名卦之本義而不用彖說本義兼存彖象二說詳弁于下 癸卯

竊按革之得名以卦徳卦体也其云沢上於地者大象之說而非卦之正義也程傳每兼举彖象之說而解卦而今特拠象為断而不取彖之說亦不可也遺書云八卦已相交了及重卦只取二象相交為義程子蓋以大象為名卦之主但当主彖辭也

利見大人

言

予蓋以大象爲名卦之主但當主彖解卦也

利見大人

瀏按利見大人專就二五相遇上而言二五俱得其正此以正相聚也故曰利見大人言六二利見九五大人也易中多有明例彖文亦可証傳義何以不取此義乎傳義俱云人聚則必得大人以治之不有所指只以卦義而恐不然也 丙午正月十七日

用大牲吉

瀏按本義解卦每專擬彖爲說而不雜大象之說今以順說剛中之不足盡卦義而兼取大象之說者非矣此處亦當與諸卦一例只以彖解而不可入大象

○齎

之説也

六二引吉

亂按萃与升相變故孚乃利用禴升之九二亦言之陰陽雖異而俱在內卦之中故同其辭 己酉十二月

按程傳云相待則离待一本作持恐從持是相持不下意故离也若作待則意義不通○程傳云而相遠蓋二五之相遠諸卦皆然今云然者萃以相比聚為義也

上六齎咨涕洟

亂按程傳咨涕洟又將誰咎專為凶兆本義齎咨涕洟而後可無咎為自責之詞 丙午二月十四日午

升

全卦大意

升之為卦其變自萃而來萃之內坤升而居上故彖曰柔以時升此所以名升也而卦德巽而順九二剛中而應五系之辭也大象則就兩象發積小高大之義程傳解卦只取大象為說而不全彖文者何哉亦如萃卦之辭也 癸卯六月改定

彖曰柔以時升

亂按柔以時升程子就坤之在上体而言朱子謂解之六三變而升居四也朱子卦變亦既詳弁于前矣此處亦當從程說然程子亦不言其自何處而上耳乎特意萃之內坤今升而居上体所以名卦曰升也

九丁

此又二卦反對中自相往來耳

初六允升

胤按允升程傳云信九二之剛而同升朱義云巽於九二九三之二陽則信能升按象曰上合志也則覺程傳為長 丙午二月

象曰九二之孚

胤按程傳論有喜有慶之異義於不可從大凡彖象皆坤頤大畜卦六四言有喜也與志字叶六五言有慶也與行字叶此卦云有喜者亦與上志字及疑字叶非有異義也

六四王用亨于

胤按王用亨程子以為王業亨通覺其說不明瑩朱子於隨卦引左傳作享馬鄭陸王固音許兩反則其說尤可從也

陸德明釋文用亨許庚反通也馬鄭陸王肅許兩反馬云祭也鄭云獻也

朱子語類云古文無享字所謂亨享烹只是通用曰亨于岐山与亨于西山只是說祭山川想不到湯如伊川說

六五貞吉

胤按升階程子謂指九二之應任賢而升猶升之自階也朱子只謂言升之易不取相應之義己酉十二月

上六冥升

易之為道於詩之妙在看者如何耳故互應以為詩易奇秋其理不殊所謂冥升者於後世之学者以持敬窮理之工夫造聖域亦此類耳〇未見始終如好色者其意味相類

原本紙數念八丁今的九一丁ゝ云

壬寅夏五月十三日写畢　夜二更校畢

佐々木[illegible]寛公卿謹記

巻之六終

周易傳義考異卷之七

困

全卦大意　以卦陽剛皆為陰爻所揜故名卦曰困而卦德坎險兌說卦体二五俱有剛中之德曰系之亨也大象曰澤无水之象言致命遂志之義程傳專從大象為名卦之本義彖為旁說本義各從其解然

七明八日

彖曰困剛揜也

亂按剛揜也傳義俱存二說坎剛為兌柔所揜此一義程傳說上六在二陰之上九二陷于二陰之中朱義說九二為二陰所揜四五為上六所揜亦是一義

予謂彖云剛柔者皆就爻而言。如剛中而應、柔得中而上行皆然。雖或有就卦而言者，亦就乾坤而言。如屯之剛柔始交而難生，否之內柔而外剛是也。未嘗以兌巽等六子卦而言也。然則剛揜也唯當就爻而言。癸卯七月八日夕

有言不信

吳園張氏曰兌為口在上故曰尚口乃窮

象曰澤无水

亂按此曰卦時存戒也，非体卦象也。○致命遂志程

予謂推致天命，朱子謂授命之意，則已之身命也，与事君能致其身意同。覺朱義為優。癸卯七月廿三日

非

初六臀困于株木

亂按困于株木程子意株木無枝葉以比五四不正不能庇物也朱子不取程說乃曰說臀字不去本義以初六在下取臀象株木亦不指九四今按凡卦言肢体者多就卦位取象則臀之為初六象也明矣困于株木取象于四亦未妥貼当從本義也

似句

九二困于酒食

亂按困于酒食程子為困于不能施惠沢之象朱子為醉飽苦惱之意論吾曰不為酒困則本義之說亦有拠且象曰中有慶也則困于不能施惠沢之人本義可從也○朱紱方來傳義共為上應之象但傳

二

以朱紱為王者之服言主者之来應也義為王者以章服賜与臣下之象也

象曰困于酒食

亂按程子以卦辭所云困亨者解中有慶也非爻象例多唯牽上一句讀下幾句九二有朱紱享祀之象故釈之云中有慶也且卦之与爻自不相干故知不不以困亨解之也

六三困于石

朱子曰六三陽之陰上六陰之陰故將六三言之則上六為妻○先生曰繫辭專主道理說本義不可引之

九四來徐徐

亂按程傳云云已之所應謂初六他指九二初四雖相應而四不足濟困而二爻之才足濟困故初將從之也六已者初也疑之者四也寒士弱囚指李爻不足濟困故也妻與臣指初爻也丁丑五月廿日（完句）

九五劓刖

亂按傷於下之刖傳指初六而言陰爻也故曰上下皆掩於陰義指九四陽爻也故曰上爲陰揜下則棄

九當作六完

劓劓皆指上九耳（私句）

象曰劓刖

亂按凡彖象皆押韻今不言中正而言中直者與得

孚福孚自相叶耳非有異義也程子云直意差緩蓋不然也

井

全卦大意 井之為卦巽木居坎水之下巽德為入有木入水而上水之象故名卦曰井而二五俱有剛中之德故系詞如此大象又舉二象曰井養之義說功農之事傳義俱无異義 癸卯七月八日

汔至亦未繘井

傳於井字下句義連下句讀先生曰義文意可玩然彖中所説分明析為二句從程傳為長

大全馮氏曰繘關西謂綆汲水索瓶汲器文從缶瓦器也或謂古无桶故不取巽木象韓信以木罌渡師如尊罍古皆用木疑古以木為瓶從缶則又瓦為之

者此象巽木无疑。私句

老子第六十四章云民之從事常於幾成而敗之林希逸曰其所為之事皆有可為之幾而常敗之者不見其幾而泥其迹也此以幾微解子謂幾者殆也幾成者事之向成及八九分時吳註亦然李義所用正是此義。私句

彖曰巽乎水

亂按巽乎水程子只取入義朱子兼取木象彖無不言木而巽有木象則兼言亦可程子卦下注則兼言木也　癸卯

象曰木上有水

東所先生曰潮字可疑 虛疑 依宅

◯用

象曰木上有水

亂按木上有水井程傳云木承水而上之乃今之汲桶所以鈞水而上之朱義則云木上有水津潤上行是草木潮水氣者津潤之上行也語類曰說者以為木是汲器則前面却有缾缾自是瓦器此不可曉又曰木上有水便如井中之水水本在井底却能汲上來給人之食故取象如此右二說不知孰是正意竊疑之處固是瓦器然古人亦有桔槔之說唯岩從程子說 丙午上巳日

象曰井渫不食

亂按行惻傳義之異自可見然皆未瑩徹之可矣

五

革當作孚 東所

革

全卦大意革之為卦兑沢离火互相滅息离中女兑少女志不相得不止睽違乃至変革故名卦曰革而离明兑説之從改革而能致人之孚信所謂非常之後天下晏如者也故曰系之詞而彖推演其義及天地聖人上也大象亦因卦義而説治暦之事 癸卯

己日乃孚

亂按已日乃革將何以然哉以文明以説而能致人之孚信而元亨利貞也彖分明以卦從解卦辭程朱俱以卦從解元亨利貞而已日乃孚別取其義恐不得其解 癸卯七月六日

而　如

象曰沢中有火

亂按然因卦名義取象而不由二象

九五大人虎変

亂按大人虎変程子意大人以竜虎之象致於変之治朱子意大人之変如虎毛之変革也以下文豹変例之則朱子之義可從也程說則虎変二字不相接○未占有孚程子天下大人至言之自有二意本義從程子後說亦可從也

鼎

全卦大意　鼎之爲卦其形似鼎且巽象爲木德爲入而在离火之下有烹飪之象故名卦爲鼎也卦德巽而明卦變自革而來六二進而爲五卦体六二中而應五兼此三者而系之辭也大象曰二象專言定鼎之義不取二象之德也　癸卯七月

彖曰鼎象也

亂按卦之名鼎象卦有鼎之形是有鼎而後有卦也若夫系辭曰以制器者尚其象則必自卦爻既成之後泛論其理云爾並行而不相悖程子必欲兩處相似謂傳以說則云卦之爲鼎取鼎之象鼎之爲器法

卦之象其説不分明例之可矣

巽而耳目聰明

亂按彖進而上行程子謂凡卦在上者皆云柔進而上行不以爲卦變朱子謂卦變自巽而來陰進居五以与巽之六四九五換位耳予謂以自革而變革之六二上行爲六五加諸卦例 癸卯七月

卦變之圖備傳義本

亂按本義何以不言卦從而言卦象也彖曰耳目聰明以巽有耳而離有目象也上注可見矣然既曰巽又曰明則不著爲卦從之長也

象曰木上有火

亂按此曰卦名而取義不取卦象也与頤小過同例
亂按凝命程子以為凝重命令之意朱子以為凝聚
天命之義上一曰正位則本義覺優

初六咢顛趾

亂按咢顛趾傳為有意而顛之義為偶然顛覆然其
以初應四取顛趾之象則〇淂妾以子傳以初為妾
以四為子言初六之陰淂其人則能輔其九四之君
成出否之功也蓋補上句之意然曰淂妾則是自九
四而言之辞恐不應於此爻発之也義則妾与子
不有所指蓋妾是賤人子則遺体曰賤人而能承家
猶曰顛趾而去否惡也上下一象之事分而言之注

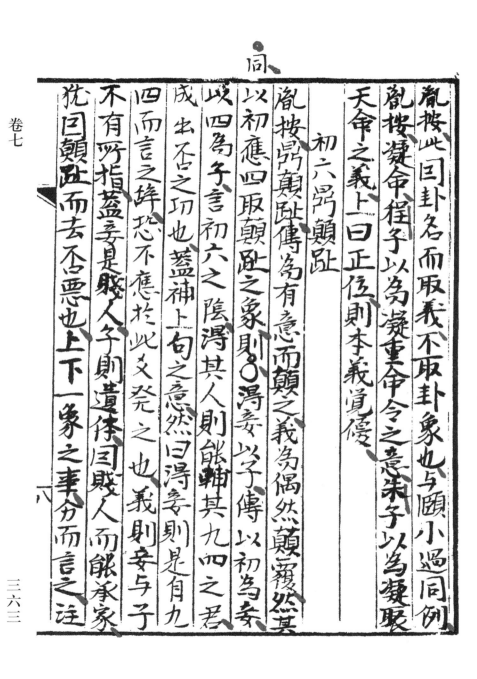

中曰敗貽顛趾句曰賤貽得妾句象曰利出否以從貴也則本義之說当從且春秋之義毋以子貴可併見矣

九二鼎有實

亂按仇程朱共指初六但程子因陰陽對待之意爲仇匹之義朱子以來而不正爲仇讐之義

九三鼎耳革

亂按鼎耳革程子指六五爲耳五中而不正三正而不中以君臣道異而不相合即九三之從与六五之耳相變革也朱子之說与此異九三過剛不中居下之上爲鼎耳改革未加之象也耳字不指六五○虧悔

程子為不足之悔朱子為虧失其悔也

之

震

全卦大意　重震為震震象為雷為長子而初九為成卦之主故卦辭及初九爻曰此皆言処震之道而彖象亦全同此諸卦之所無大象亦曰二象而言恐懼修省之義非体象也　癸卯七月六日

出可以守

通考百七十五易證墜簡一卷晁氏曰皇朝大禧中毗陵從事范諤昌撰其書酷類郭京本正如震卦彖辭内云脱不喪匕鬯四字程正叔取之

胤按出字程子解為君出朱子解繼世而主祭也指長子出予謂說卦曰帝出乎震亦言出也震或有出

来

象耶当從朱義 庚戌正月吉

象曰洊雷震

瀷按此曰卦象而存戒也非法卦象也与否泰困同例

六五震往来厲

瀷按无喪有事程子說方往皆危之時須無喪失其中德也有事指六五有中德而言朱子說無喪失而能有事也觀象曰其事在中大無喪也則程子之說似可從也

艮

全卦大意 重艮為艮〻一陽止於二陰之上故其德為止其象為山故名卦曰艮而卦詞說艮止之義大象取兼山之象言君子素位之事

艮其背不獲其身

亂按諸儒陰陽之爻或應或不應曰系吉凶之辭艮之為卦六爻皆不應故曰艮止之義曰艮其背不獲其身行其庭不見其人正是士不遇於時不為上知故彖曰艮其止〻其所也上下敵應不相与也云〻猶遇人而不見其面入家而不遇其人當斯時也唯當辭棄仕路自守草莽以集天命故彖曰時行則行

時止則止聖人時中之事也程子謂外物不接内欲不萌質于老氏常无欲之說而非所以言易也朱子謂動靜各止其所而皆主夫靜焉此兼就行止上說而亦以靜爲主非大易扶陽抑陰之意皆非矣大抵易審出處進退之幾而要動靜不失其時非好退而主靜也況以無欲爲之訓哉　癸卯七月六日

彖曰艮止也

洵按拠傳義二家則艮止之止与時止之止不同時止則專於止艮止則兼行止矣謂二止字初不異也時止之止即艮止之止蓋時止二句從說易道隨時之義時行則行大畜之不家食泰之彙征是也時止

則止艮是也二彖將此二句牟貼艮說故程子云止道唯其時朱子云時行而行亦止也不免牽捏或云艮唯說止則恐拘于一偏且時行而行亦是他卦事不相干涉蓋不然也易有六十四卦艮特其止之時耳何該六十四卦仕止久速哉且因說艮止而論易道隨時之全体亦何不可損之彖曰損益盈虛与時偕行可相證矣

艮其止〻其所也

亂按艮其止〻其所也傳論其理可矣言其所以止則未也蓋陰陽相應上下通融則互相往來不止其所今陰陽各居其位不相上下是各止其所也下文

曰上下敵應不相与也亦可見矣

上下敵應

亂按上下敵応二句承上起下故云不相与也繼云是以可見不獲其身不見其人皆不敵応之故也傳不分曉本義亦不明切唯就彖之本旨觧之矣

又按系辭云無咎者善補過也艮何以言無咎也盖君臣相遇夫妻相偶天地之大義也故易尚相応也今上下不応各守其所止其過也然易貴隨時時旣不遇則不強求遇故不獲其身不見其人無咎也盖聖人有道而顯無道而隱之意而上所謂時止則止時行則行者可併按矣

象曰兼山艮

亂按思不出其位所謂素其位而行不願其外之意程子云当行而止当速而久等數語与本文之旨意趣不倫盖將彖辭來解然彖象異義不相通者多矣不可必相從以說也且本文語命吾引為曾子之語若使十翼為孔子之作耶則謨命吾者必不称曾子曰矣此亦夫子不著十翼之一證也

又按兼山之義程傳以重複為解云重艮之象也然山上有山之意大全董氏云兩山並立不相往來此止之象也建安丘氏云思不出其位則於止知其所止有兩山对峙不相侵越之意按此二説則為兩山

相並之義昧兼字義則如由也兼人兼并兼官之兼、謂并二為一非重疊之義覺以說為長但就山取艮止之象則未安但当為兩山对峙其畔限不可越之義也庚戌三月九九日秋句

六四艮其身

亂披艮其身程子意六四居大臣之位陰柔不過不能施於政唯自止其身則無咎夫大臣而不能施政曠職之甚也豈自止其身是持祿養望之人而不足取何得為無咎本義可從也蓋不料其才唯務奔競人之通患也六四陰柔不中應比俱陰本可有過咎也而能自分其器止而不行所以得無咎

漸

全卦大意　漸有漸進之義，卦變自歸妹而來，內卦之中進居五而有剛中之德，卦德巽而止，故名卦爲漸而系之詞也。大象則就二象說化俗之事，亦兼漸進之意。程傳主大象，當從本義。癸卯七月

漸女歸吉

亂按：程子云以卦才兼漸義，陰陽各得正位，卦之才也；進有其序，漸之義也；女之歸以正而從人有漸，所以曰女歸吉也。

亂按：漸之名卦，程子推大象之說，以山上有木其高有因爲漸進之義；朱子推彖之說，以止於下而巽於

也

上爲不還進之義蓋象本非說卦義不由卦義而別發一義者多矣今彖曰止而巽動不窮也分明是解卦義當從本義之說也

亂按漸有女歸之吉者程子意陰陽各得正位故也朱子意又以止於下而巽於上爲女歸之象拠彖說亦當以朱子說爲正利貞之義程子說卦之固有非設戒也朱則曰戒之戒二說凡卦言利貞者皆謂利於正也皆當爲戒程傳發三例不必可從也

進得位

亂按進得位程子就三四二爻之當位而言亦不由卦變以在漸時而言進耳朱子做卦變就三五二爻

得位而言凡彖曰進者皆就卦變而言則朱說可從也然予謂進得位云者只就九五一爻而言也蓋漸與歸妹相反歸妹內卦之中爲九二今進于漸之外卦爲九五也故云往有功也其位剛得中也此三句皆以九五之得正解利貞之義其曰進以正亦可見矣

卦變圖備傳義李

其位剛得中也

亂按上兼率他爻而至此特言九五文最不順今就此卦言剛中則唯九五一爻耳而今以位剛得中也象上文則可見所謂進以正之特指九五也蓋此三

句皆鮮利貞之義

九三鴻漸于陸

亂按鴻漸于陸程子謂陸平原得平地而安也夫指本爻婦指四陰陽相比而致凶也朱子謂水鳥漸于陸非其所安夫婦不有所指只言凶兆耳此二說取義甚不同朱義豈以程傳不穩而改歟

私句

象曰夫征不復

亂按離群醜也程傳曰離叛其群類為可醜也醜字既以類解之亦做醜惡說程子每帶多義故不一決今謂離象曰執非其醜詩大雅曰戎醜攸行頌亦曰屈此群醜考至云在醜夷不爭皆群類之意此處亦

上九鴻漸于陸

亂按其羽可用為儀程傳以儀法解之李義云羽旄旌纛之類蓋儀衛儀仗之儀擬象以不可亂也解之則當從程傳蓋言進之有序而整齊不亂所謂鴈行鴈陣之義乎庚戌四月初一日私句

当做以等類解

歸妹

全卦大意　歸妹之為卦，從說而動，卦變自漸而來，內卦之二進而居五，此女悅男之象，非禮之正，必為妻所棄，故名卦且系之詞也。大象亦舉二象，曰卦名義以其合之不正，知終之有敝。傳義俱言以兌少女從震長男，且兼卦從而不言卦變，与彖說異矣。癸卯七月初六日

徵按：歸妹之為卦，程朱共云以少女從長男，又以說而動，蓋少女從長男於歸妹之義固為的切，然彖唯云說以動所歸妹也，未嘗言少女長男之象也。程子又曰男動而女說，又以說而動，又男說女合，三意然

孚

彖孚卦從例自下而上故此処亦云說以動当推從一義旣干隨卦詳之

胤按程子云卦有男女配合之義者四咸恒漸歸妹此說恐不可從咸与漸卦辤及彖固有取女之辤至諸爻則只說感動漸進之義耳至恒則卦爻俱無男女配合之說但歸妹与家人明說男女之事家人說夫婦之道歸妹說婚嫁之事程何特舉恒而不及家人耶

天地不交

胤按彖之例每解卦義卦辤而推到天地聖人上極而言之歸妹則首言天地万物之理而後始解卦義

卦辭此亦一例

亂按歸妹無說昏媾之事本以說而動非由礼者也故卦辭有征凶之兆諸爻除六五中德貴行之外諸爻多无吉詞彖不曰天地不交則万物不興而曰天地不交而万物不興亦可見其不以礼合而不成夫婦之道也 癸卯七月十五日

亂按歸妹天地之大義也此一句泛言夫婦之道至說以動一句說此卦之所以歸妹也 癸卯

亂按人之終始也程子生息相繼又死子續之義朱子以歸為女之終生為人之始此擬雜卦歸妹女之終也

有

象曰沢上有雷歸妹

澂按此由卦名義而不取二象也傳義俱言雷動沢隨此隨之義也若如此則永終知敝之戒系之于隨之象亦何不可故知此曰歸妹之義而取之象耳

澂按君子以永終程子存二説本義謂生一息嗣續永久其傳与彖所云人之終始同其義一説謂夫婦之道当有終也本義謂知終之有敝也与程傳後一説同与彖所云人之終始解不同前曰女之終者就婦之始歸而云此曰其終者以婦之既歸而終而言

象曰利幽人貞

澂按彖中多説未孚只与不孚一般非未然之義与

佗書字義例異程傳每須分疏 庚戌正月十二月 私句

象曰帝乙歸妹

亂按以貴行也程傳爲尊貴之貴以位而言朱義爲

中德之貴以德而言 庚戌正月

壬寅夏五既望夕玄亭畢 廿一日校畢

柳川左々木[illegible]謹記

卷之七終

十九

周易傳義考異卷之八

豐

全卦大意以卦离明震動有豐大之象故名卦曰豐

大象别曰二象說刑獄之事傳義俱无異曰其系卦辭程子謂豐之時宜盛明廣照朱子謂宜守常不至於過盛皆曰此爲戒也予謂离之象爲日故卦辭及二三四爻皆言日中然古註及傳義皆无其說但孔氏正義曰日中見斗者二居离卦之中如日正中則至極盛者也則似取其象卦辭亦當從此義癸卯七月十六日夕

澂按程傳云以明而動動而能明皆致豐之道此說

巽矣動而能明此噬嗑之往不可言之於豐也此處唯當用明而動一項彖文自明又曰明足以照動足以亨此說亦可疑也豐之所以亨者以有明以動也如傳說則亨字偏在不帶明字意此二說本義釋自明矣

豐亨王假之

亂按宜日中程傳從彖之宜照天下解為照臨之義本義從彖之日中則昃解爲不至過盛之意彖文自有二義解卦辭自當從程傳也本義差自矛盾

日中則昃

亂按卦曰宜日中者只言其豐大耳未必有寓戒之

意故彖釋之曰宜照天下也至日中則昃以下則外卦辭而別寓戒故本義云發明卦辭外意而前注卦辭曰盛極之衰等數句似自枘鑿 癸卯七月十七日

象曰雷電皆至

亂按此唯取二象而不由卦之名義也

象曰豐其蔀

亂按位不當也唯言九四以陽居陰耳震之六三可見矣程子以四爲高位恐不然

上六豐其屋

亂按豐與泰豫等卦其事相類而亦不同泰之爲卦上下交泰治世之象豫之爲卦下順上動悅豫之象

一二

泰之泰
疑秦成負

九当作六（一是

豐則明以動致豐大之勢人之權威隆赫者也与豫泰不同勢盛之極高亢自淄上下壅蔽必至孤立豐之上六是也如泰之二世周之天元皆处豐之極以喪其天下聖人之垂戒深矣　癸卯七月十七日

象曰豐其屋

亂极自藏也程傳人自藏避而不親本義謂上九自障蔽而无人当從本義也　癸卯七月望日

旅

全卦大意 旅之爲卦卦体六五之柔得中乎外而順上下之二陽卦徳艮止于下而附麗离明猶羇旅而在外者得艮主人也艮止亦有旅寓之意故名卦曰旅而又系詞也彖文自可見爻傳義俱不由彖辭取二象山止火動遷而不止之義不見所擬而以彖爲專辭卦詞者失之爻大象不由卦名義專就二象説慎刑之義

彖曰旅小亨

亂按柔得中乎外而順剛二句分明解卦名義而併及卦辭先儒不察别求卦義者何哉大抵彖不論卦

義而卦義自明者間有之矣如渙及旅是也且卦之淂名多由卦体而或及卦變卦象卦德先儒必以卦象為名卦之本義多不免牽拘 癸卯七月六日夕

旅之時義

亂按傳義俱言旅之時難處故曰大矣哉以諸卦例推之凡曰大矣哉者皆称美其事而大之也此卦所言亦当以柔淂中而順剛止而麗明称賛其義也非歎難處 癸卯七月

象曰山上有火

亂按旅之象唯就二象取義而不少涉卦名小畜剥之類其証尤可見矣傳義亦自無羇旅之說諸卦此

例最多

六二旅即次

亂按童僕程子指初四二爻朱子不必有所斥當從本義也

九三旅焚其次

亂按程子負字下句朱子僕字下句此爻象与六二同當從程傳也

六五射雉

亂按射雉程子言合於文明之道朱子直為射鳥之事一矢亡程子一矢而斃雉之意朱子亡失一條箭也現下曰終以譽命則其初有小小不可事可知矣亿

爻云終者要其終之辭若如程說則巧発奇中即淂
耋命不待言終也朱義當從也

象曰終以譽命

亂按上逮也程子帶二義上一字音上去二声所上
逮之上亦非義字然終不可從亦可拠朱義

上九鳥焚其巢

亂按喪牛于易程傳意忽易以失其順位也本義無
明解以大壯喪羊于易例推之則易読為疆場之易
語勢可見矣○語勢大壯下云喪羊于易不若作疆
場之易漢食貨志疆場之場正作易蓋後面有喪牛
于易亦同此義

巽

全卦大意 重巽為巽故名卦為巽而巽有命令之象九五剛而中正初四二陰皆順陽因系之辭也大象亦曰二象說中命之義程傳專以小成卦一陰在二陽之下為名卦之本義蓋巽一陰在二陽之下故其從為巽為入此就三畫卦言耳至於卦辭當以六畫卦取義 癸卯七月三日

瀏按序卦之意猶曰傷於外者必反其家只取巽入一義也所容之容貼入字下亦曰巽者入也所以釈巽之為入今也程子兼取巽順之意非序卦之本意亦与他卦之例異矣

彖曰重巽以

亂按巽言命者程子取巽順之義朱子兼取入而究下之義王氏之説亦与程子同予謂此二義俱未穩切今觀大象曰隨風巽君子以申命行事凡卦巽体者象多言治民設教之事蓋風之敷散有号令播宣之象故大象云申命也彖之所謂亦當与此同義

亂按重巽程子取上出命下奉命之義朱子取申重命令之義正文云重巽以申命則是一串事當從朱説　私句

象曰隨風巽

亂按隨風巽程子只取上下皆順之義又取命令政

華順理之意而不由隨風之象李義無用程注義而義則異蓋以上下重巽之象而取申後命令之義与彖辭同其說隨風者以風之入物為命令入民之象此二說李義可取也若程說則隨風二字尤無着落且巽与順稍異但做上下皆順則亦可言之於坤也

丁未春続書

六四悔亡

亂按田獲三品程子之意六四巽於上下如戈獵之獲遍及於上下也朱子唯為卜田之吉占語類云伊川主張作巽於上下說〻得太牽強

九五貞吉悔亡

愚按蠱之彖曰先甲三日後甲三日終則有始天之行也甲者日之始事之首也先甲三日自辛至癸事之既終也後甲三日自乙至丁事之方始也故曰有終則有始巽之九五曰无初有終先庚三日後庚三日吉庚者更也命令變更之端先庚三日則自丁至己非日之始也後庚三日則自辛至癸日之終也故曰无初有終徒有始則吉未可知也及有終則其吉可知矣故蠱不言吉而巽言吉二卦之言可併攷矣

癸卯七月十三日

象曰巽在牀下

愚按正乎凶也程子做呼應之辭解朱子解並做期

○正

必之意蒙引云此正如春秋戰不正勝之正及必有事焉而勿正之同固必之義也正乎凶言可必其凶也予謂正即貞也爻曰貞凶象辭之云正乎凶也分明以正字解貞字程子之說亦不可廢也

兌

全卦大意 重兌爲兌故以名卦二五俱剛中二陰俱居一體之上此剛而能柔者所以爲說也此繫辭之由也大象就二象取講習資益之義○亂按兌之爲說程傳含二義有己說人說人說之二意朱義只作己說一義觀彖曰則朱義爲優而其所以爲說者程子之意一陰居二陽之上陰說陽又爲陽所說也朱子則以一陰進於二陽之上爲喜之見乎外者也今玩彖辭則曰剛中而柔外說以利貞此以柔外而取悅之義也蓋人顏色溫厚者必無暴厲之色此所以爲說也所謂溫良及就之也溫皆柔外也程

手解兑悅以一陰居二陽之上解柔外以柔爻在外殊不知所謂剛中柔外二句所以釋兑說也之義也不可外彖之義而別求其說也

兑亨利貞

亂按兑亨利貞本義具二說後一說即程傳之說也前說戒之也後說曰有是德而系之詞也觀彖曰剛中而柔外說以利貞則此以卦有是德而言也非以其不足而爲之戒也諸卦彖亦多此例當從程傳

象曰麗澤兑

王弼曰麗猶連也施說之盛莫盛於此正義曰朋友聚居講習道義相說之盛莫過於此也〇程傳引先

儒指古注疏靡決帯悦懌之意本義不取悦意癸卯

七月廿五日

九二孚兑下二段宅私夕

亂按九二之悔程子以承六三陰柔小人而言朱子以

居陰而言

上六引兑

亂按上六引兑程子意説既極矣又引而長之是説

兑之長指引而伸之〻意朱子意引下二陽相与爲

説雲峯胡氏曰凡陰爻称引萃六二引吉引下而上

也故吉云〻依此説推之則朱義爲優庚戌二月四日

渙

全卦大意

渙之爲卦彖以卦變九二六四自節來受卦從巽木坎水有舟楫之象敘所以系辭至於名卦之義則無其說大象曰風水渙散之象說祭祀之義故傳義俱依大象爲名卦之本義予謂彖之所以解卦辭者亦可以解卦名矣先儒相承以渙爲離散之象說人心渙散之義則是非好事然易之取義多端不可執一故渙之象取宗廟祭祀之義而系辭則曰舟楫之利以濟不通蓋取諸渙然則渙亦非不好事觀爻中曰渙其群渙其躬則渙之爲渙紛糾解散之義以剛來而不窮柔得位而上同能致解紛之功故

十

名為渙也且諸爻中吉凶不同而無復甚不吉者可見不可專以渙為不好事矣○程朱以渙為人心離散則是非好事歐陽以為徳沢流行則專是好事孔穎達正義兼具善惡兩義本義六三爻云大率此上四爻皆曰渙以濟渙者也蓋上四爻皆非不好事故云爾益知渙之為卦非離散之義也

圖下空乙句

卦變圖備本義本

渙亨王假有廟

亂按渙言王假有廟者程子謂收合人心之渙散朱子謂聚祖考精神之渙散萃卦亦有此言傳義解与此同但義謂兼聚己之精神孔氏正義云王能渙難

○介

而亨可以至於建立宗廟故曰王假有廟也歐陽子說渙者功德流行之義非聚之事也其狀可以有廟矣癸卯七月

亂按王假有廟程子意王者之事至於有宗廟也假字只是虛字朱子意王者往詣宗廟也有廟猶有社有邦之意也

彖曰渙亨

亂按柔得位乎外而上同程子言六四也朱子言六三也本義之說最不可從也彖云得位乎外者言以陰爻居陰位居外卦之下也分明是指六四爻也若為六三耶則既不可言得位亦非外體也語類云六

二上做三有些不穩亦為此也程傳最不可移蓋朱子說卦變二爻互換而說故此等処亦有矛盾也上同之上程子言比九五也朱子言比六四也蓋外卦三爻雖有陰陽之異而同是巽体所以云上同朱子唯以三四同陰爻而言也然比五則有得君之道所以貴上同也若三之比四亦不足多貴也此亦当從程傳也

又按若從本義則二爻互換剛下柔上也故不得不言自漸而來又不得不以六三爲柔然柔之不指六三其証既見于上則知本義卦变之說不可從於是尤可見矣

私勾

亂按渙之所以亨者以九二六四之變也程子以自乾坤而來朱子以自漸而來其說已詳言于前矣予謂此自節而來耳節之九五在渙則爲内卦之中九二是也故曰剛來而不窮節之六三在渙則爲外卦之下而上比九五六四是也故曰柔得位乎外而上同此反對二卦中自相往來也

王假有廟

亂按王乃在中也程子意在得其中也又以卦之剛中有心之象爲收攝人心之義也朱子直以中爲廟中釋子以剛來而不窮柔得中而上同爲皆主於中此說不穩剛固在中柔則指四是不中也難借說也

經傳之意錯雜不明

利涉大川乘木有功也

按李義此下當有又以卦象釋卦辭七字恐或失載

象曰風行水上

歐陽董子問曰渙者流行通達之謂也與夫乖離分散之義異矣嗚呼王者富有天下九州四海万物之象莫大於萃可以有廟矣功化流行達于天下莫大於渙可以有廟矣

正義云序卦曰說而後散之故受之以散然則渙者散釋之名雜卦曰渙離也此又渙是離散之號也蓋渙之為義小人遭難離散奔迸而逃避也大化之人

能於此既建功立作拯難釋險故謂之爲渙能釋險
難所以爲亨故曰渙亨
象曰初六
亂按順也程子含二意有順九二之意又有順時之
意釋文彝則云初六柔順之才又云時之順也亦兼
二意予謂唯吉以才之順而解之也
九二渙
亂按程子以初六爲机以陰陽相比而言朱子從象
之所謂劉來而不窮以卦變而言乃以本爻爲机也
悔亡之悔程子以居險中而言朱子以位不當而言
王弼曰机承物者也謂初也二俱死應與初相得而

初得散道[illegible]散而奔得其所安故悔亡也○程子全依王註先儒以五為机別有所斥殊繞攷

六三渙

亂按程子其躬无悔四字連讀為句朱子其躬下句觀象曰渙其躬諸卦多曰无悔則本義可從也○渙其躬程子意唯其身無渙散之悔而已不及濟人朱子意散其私以渙物

六四

散　子

亂按渙其群程子意極其渙使之群聚渙有丘只是是贊美之辭朱子用老蘇之意解為渙散朋黨之義渙渙有丘是散小群而成大群之意從程說則是群其

渙也不可言渙其群又爻辞曰渙其躬曰渙其血皆是一様字法當從本義

九五渙

亂按渙汗大号程傳意如汗之浹四體孟子所云仁言不如仁声之入民深之意朱義如汗之不反王言如汗之意渙王居程傳渙渙則居王位而稱也朱義渙散王之積畜之意如散鹿臺之財發鉅橋之粟是也故引宣公奏議象曰王居无咎則程傳可從也

上九渙

亂按程傳渙之時其血去其惕出朱義渙其血則去渙其逖則出也渙其二字蒙下血去逖出二項觀象

曰渙其血則本義可從也故程傳云象血字下脫去字恐不然也

節

全卦大意 此卦六爻之內陰陽各居其半二五俱有剛中之德皆所以爲節故名卦曰節而亦系之辭也彖又以卦德說以行險九五中正而極言節之理以及天地聖人也大象則以澤之容水有限取節制之義程傳只以二象爲名卦之本義而不取彖說者何哉本義亦以二象爲本說而以彖爲旁說不如他卦之例也 癸卯六月

彖曰節亨

亂按剛柔分程子只曰剛柔分處謂陰陽二爻交錯也朱子謂陰陽各三爻剛柔平分也噬嗑亦三陰三

十五

陽之卦其彖亦曰剛柔分則本義為是說詳于前

又按剛柔分一句程子以為卦才朱子以為旁說予謂此一句是名卦之本義大象則别說耳 癸卯六月

初九不出户庭

亂按不出户庭程子謂非能節者故戒之朱子謂能節者故其象如此今觀九二不出門庭凶則亦是本爻自有其象蓋在節之初故与乾之勿用異矣凡曰無咎者善補過也以陽剛在初此其過也然能節而止至不出户庭故得無咎也当從本義然無咎本義欠解

又按說文半門曰户字彙内曰户外曰門朱謀㙔曰

手

窒口也窮意外大門有兩扇而室之門唯有一扇故別謂之戶耶正字通駁說文字彙曰凡人出入者通謂之戶雖有內外一二扇不同其爲戶則一也非專指外曰門內曰戶一扇門爲戶也然此卦初九曰戶庭九二曰門庭則分明是二所又五祀有門又有戶其非門即戶也亦可知矣說文字彙之說不可易也

象曰不出戶庭

亂按知通塞也程意象辭爻辭所不及言有時當出戶庭不可拘一塗也朱義無說然今考上傳所云能節而止者及九二傳所云知節而不知通等語則蓋言知時之不可故能不出戶庭此能知通塞之義

之

与所謂行藏用捨云者同意蒙引曰在初九時則塞而未通也本義之意蓋如此今以九二象所云失時極也推之則恐不若程子之說也

九二不出門庭

亂按蒙引云本義戶庭戶外之庭至於門庭亦宜曰門外之庭也而乃曰門內之庭程傳亦然何也蓋古者宮室門戶之制先儒必有考矣大抵門在外戶在內予按若言大門外之庭則是官道街巷之類不可言庭也蓋門在外而戶在內門內之庭即戶外之庭豈可於其間分門庭戶庭也哉周礼閽人掌埽門庭鄭注門庭門相当之地疏云中門外之地謂之門庭

也然則中門外謂之門庭所謂門內之庭也門指外大門中門內謂之戶庭所謂戶外之庭也故傳義說如此 中間ヨリ上之日

上六苦節 寛句

亂按貞凶悔亡程傳云固守則凶悔則凶亡言固守之凶亡也悔亡之辭與他卦不同畢竟不穩當本義云雖得正而不免凶云云當從也 庚戌二月廿四夕

十七

中孚

全卦大意 中孚之爲卦卦体三四二陰爻間乎四陽之中九二九五俱有剛中之德卦德說而巽皆有中心誠實之象故名卦爲中孚也卦辞以巽木在兊沢之上且兼虛中之象而系舟楫利涉之詞也大象取二象說緩刑之義本義自明矣程傳以二象爲名卦之本義專言風水相感之義矣 癸卯長日

混揉程傳內外皆實言上下各二陽爻也在二体之中實言九二九五在全体之中虛言六三六四也 癸巳

中孚豚魚吉信及

来注易舉正止有信及也三字無豚魚二字及者至

○之

也言信至于豚魚則信出自然矣如此信所以吉也

○按信及豚魚也与下虛叶知非衍文

九二鳴鶴在陰

瀜按好爵程傳無明注只是官爵之謂李義云謂得中也趙孟子天爵之說指爻有中德爲好爵予謂天爵人爵之說出于孟子創意猶仁宅義路之云此比況之辭非世之恒言易之六十四卦多就君臣上言進退通塞之道皆只做官爵之爵解李義豈因爵祿爵縻之嫌而改其說耶 庚戌二月廿四日晡後

上九翰音登于天

瀜按翰音登于天程子依王氏說云音飛而實不從

朱子擬礼記以為鷄又取巽之象若夫一爻之義程子云居信之終信終則衰又云孚于上進而不知止則是信之衰而虛華者也又云好信而不好學云云是信之窮者也其說似岐本義取程傳下節意云居信之極而不知變又曰信非所信而不知變則是好信之弊而非虛華之事大抵諸卦或有一爻相反者此爻正是在中孚而不中孚者當熟玩焉嘉慶戊辰二月廿四夕

王弼曰翰高飛也飛音者音飛而實不從之謂也居卦之上處信之終信終則衰忠篤內喪華美外揚故曰翰音登于天也翰音登天正亦滅矣正義曰虛声無實正之凶也故曰貞凶〇按程傳全依王註但王

氏訓翰爲飛、程子用其義、而下則云羽翰之音、則異矣、

小過

全卦大意此卦〻体二陽而四陰〻為小而陽為大小者過故名卦為小過而有亨義卦辭曰此系詞而以二五柔中三四剛而不中且四陰在外而二陽在中卦形似飛鳥之象為言大象取二象言恭哀儉之義程傳以大象為本義小過之取義程朱不同各弁于下当從本義也　癸卯七月十一日

彖曰小過

胤按小者過程子以為陰居尊位陽失位而不中朱子以為二陽四陰〻過於陽子謂大過二陰四陽為兌上巽下彖曰大者過也適与小過相反朱子之說最

不可移

象曰山上有雷

亂按山上有雷小過傳謂其声過常義謂其声小過俱不切當未詳云山上有雷其声漸遠此解覺長予謂詩曰殷其雷在南山之陽正是山上有雷所以為小過與大壯之雷在天上異矣 癸卯

六二遇則祖

亂按過其祖遇其妣蓋自六二本爻而言則九三在其上是父之象九四又在其上是祖之象六五以陰在上是妣之象妣上於祖不必拘也妣不審是母是祖母舉祖而言故程子定為祖妣朱子無其說予謂妣是母死之称則以為六二之母亦何不可 不及其

争

君遇其臣程子指六五為君其臣不有所作只言六二自守臣道耳朱指三四為君六二為臣皆以陰陽取象而不拘卦位五君四臣之例也語類一説似程傳与本義異矣

又按不及其君遇其臣程朱二説俱不穩蓋不及其君固可惧也以遇其臣為六二自守為臣之分遇字与過其妣取義不同可疑也予竊謂過其祖遇其妣是六二本分之象蓋以陰遇陰此其咎也此爻者能上不及六五之君而遇九四之臣則是以陰遇陽所以無咎也系辭云無咎者善補過也是也蓋上一爻謂之過則下一爻可謂之不及也此二句就

四五二爻而言自本象而言則過四之祖而遇五之妣自处者而言則不及五之君而遇四之臣在小過之時故以不及為善象故云臣不可過也 宝永初元甲申冬至長胤書

象曰弗過遇之

胤按此爻觀象辭終非能吉也曰位不當也曰終不可長也皆非好辜不可長叙爻辭勿用永貞則長当作平声讀 丁未春日

旣濟　全卦大意脫本行

亂按旣濟之義本義訓爲已成程傳無的解觀其曰能過於物必可以濟又曰濟又取水義則蓋救濟之意也正義曰濟者濟渡之名旣者皆盡之稱此說甚佳卦中多說濡首濡尾又言小狐汔濟又云利涉大川則取濟渡之義爲多又坎爲水故易中有坎体者多說利涉大川旣濟坎在上故曰旣濟未濟坎在下故曰未濟故未濟六三坎之上爻故爻辭曰未濟征凶彼此參考益知濟渡之義爲長也傳義共就二象取義恐非本意

利貞剛柔正而

胤按劉氏正而位當也彖自叙利貞之義耳傳義共以爲叙卦名非矣

終止則亂

胤按初吉以當中爻而言終亂以坎上爻有坎止之德而言故彖曰終止則亂初終通内外而言不指初上爻也中溪張氏曰有出險入坎之說亦此意尒

象曰水在火上既濟

胤按此傳蓋戒警無虞之意水在火上者恐備水防火之意未濟之象可觀矣程傳專取卦名義本義無注予謂火之延燎有水以沃救之今水在火上有預防之象

初九曳其輪

亂按濡尾程子為几獸之濡尾朱子為狐之濡尾朱子以未濟而解之也

九三高宗

亂按書傳之間多言高曰鬼方周曰獫狁漢曰匈奴北狄古今之別名然高宗伐鬼方王弼孔氏並无其說經典釋文引蒼頡篇云鬼遠也蓋指遠夷也非言北狄也吾恐鬼者幽陰之義故稱北方遠夷之國為鬼方於小雅所云朔方之類耳非殷時北胡之号也漢匈奴傳及杜氏通典皆不牵其名通典云唐虞則山戎夏則獯鬻周則獫狁云云可見後世之附会

癸卯

上六濡其首

洵按濡其首程傳做人之渡水而濡其首李義擬未濟小狐濡尾之象辭做狐之濡首

未濟

未濟亨

陸德明音義汔許訖反說文云水涸也鄭云幾也○孔疏曰汔者將盡之名小才不能濟難事同小狐雖能渡水而无餘力必須水汔方可涉川○汔濟程傳叚汔爲仡濟解爲壯勇而渡朱子義從鄭氏說解幾濟而濡尾二義未詳孰是觀象曰未出中也且詩小雅汔可小康亦訓爲幾則本義可從也不必要叚字甲辰四月廿七日夕

雖不當位

亂按彖解卦辭者至三句而止雖不當位剛柔應也

一句別就卦体而説一卦大体与既濟之剛柔正而位当也句相对此諸卦之所無別是一例

象曰火在水上

亂按此象亦不由卦名也火陽而在上水陰而在下然各居其方也故君子觀此以弁物居方程傳反象而取之也蓋説入卦谷也火在水上不可謂非其所也朱義得之

象曰濡其尾

蒙引補注曰極宜作極

六三未濟

亂按本義可以水浮一句貼利涉大川不可以陸走

貼征凶一句蓋占值此爻者宜水路而不宜陸路也

上九有孚于飲酒

亂按自首程子說人之耽樂濡首之義朱子亦如上諸爻爲狐之濡首觀象曰飲酒濡首亦不知節也以程子之說可从也 癸巳二月

天明壬寅夏五月九五日寫畢 同廿八日夕校終

櫟〻佐〻木恭寬謹記

周易傳義考異卷之九

繫辭上傳　東所先生曰繫辭以下條數亦整後他日之復按

是故剛柔相摩

渝按剛柔相摩朱義從兩儀生四象四象生八卦說全雲峯胡氏曰剛柔二爻相摩而爲八卦八卦相盪而爲六十四卦從之大抵易中取義多端要無一定之準唯當隨處爲解不必相符同可矣　戊智申

乾知大始

渝按乾知大始朱義解知爲主大全紫氏中行曰一氣之動則自有知覺而生意所始乾實爲之則直爲知識之知乎謂此以知對作下以知對能則只當做

坤

知覺之知解蓋人知稟於陽而無形体成於陰而有質以乾坤之象也　戊申二月

乾以易知

渝按乾以易知以知字本義亦蒙上文猶主也注故小注朱子曰乾健不息惟主於生物都无許多艱深險阻故能以易而知大始　同上

易簡而天下之理得矣

渝按此段通上節文勢相承自乾上移在人事説言聖賢之極功体天地之道也本義拟上節説賢人之德賢人之業遂以上文為賢者之事此段為聖人之事尤覺不當是易簡而天下之理得分明承上文説

分析辭且古者聖賢之稱不如後世之截然有科級也謂之賢人則兼聖人亦在其中矣○天下之理謂天下之事理非後世理氣性理之理也 己亥二月

是故列貴賤者

按王弼曰卦有小大也齊猶言弁也

仰以觀於天文

亂按幽明後世相沿為人鬼之別考易之本旨則就天地言非人鬼之謂也淮南子曰天道曰圓地道曰方々者主幽圓者主明々者吐氣者也是故火曰外景幽者含氣者也是故水曰内景亦可證也 甲辰壬月

一陰一陽之謂道

也

亂按一陰一陽章三節自為一章言人道之繼天也蓋言一陰一陽流行不已者天之所以為道也繼之者人道之善而能成之者人性之善也所謂善者非他乃道也下所謂仁智是也故仁者之所見以為仁者乃此也智者之所見以為智者乃此也百姓之所日用而不知者亦此也○繼者猶繼志之繼言人道之繼天聖人繼天立極乃其事也○一陰一陽一句是說天道下二節俱說人道仁智者人道之所以繼天也壬子四月松旨

顯諸仁藏諸用

古注曰衣被万物故曰顯諸仁日用而不知故曰藏

○或

諸用疏云潛藏功用不使物知是藏諸用也○亂按
天地之化生育萬物者仁之可見者也而其妙用則
不可得而測也是謂顯仁藏用 私句
韓康伯曰万物由之以化故曰鼓万物也聖人雖体
道以為用未能至无以為体故順通天下則有經營
之跡也○正義曰道則無心無跡聖人則亦无心有跡
亂按聖人之於天下也欲凡含生之類莫不悉遂
其生而其傷之憂而天地之化陰陽之変鼓動万物
只營生生而其或過或不及偏勝并陽有水旱
風雨之災有饑饉疾疫之害物不遂其生故曰鼓万
物而不与聖人同憂此天地之所以為大也 甲辰六月十二夕 二段私句

夫易廣矣大矣

亂按靜而正言推易道而用之人事之效也靜則不妄動正則不詭遇此易之教也本義謂即物而理存覺不相涉已矣幾乎

聖人有以見

程子曰賾深遠也聖人見天下深遠之事而比擬其形容体象其事類故謂之象

朱子曰賾說文曰亅雜乱也

亂按賾程子以為深遠之義朱子以為雜乱之義然說文也有云聖人却於雜乱中見其不雜乱之理雲峯胡氏云賾字諸家多以為隱奧之義本義獨依說

文蓋於陰陽雜乱之中而來其隱奧之理耳此似謂
停二家說　缶句

大衍之數五十

王弼曰演天地之數所賴者五十也

京房曰十日十二辰二十八宿也

荀爽曰卦各有六爻六八四十八加乾坤二用凡有五
十乾初九潛龍勿用故用四十九也

鄭康成曰天地之數五十有五以五行氣通凡五行
減五大衍又減一故四十九也

姚信董遇云天地之數五十有五者其六以象六畫
之數故減之而用四十九　右共正義

而

本義河圖中宮天五乘地十（以下八段私句）

大全朱子一說河圖五十五独五無所因虛之而為五十

又一說四十者分陰陽老少之數而五与十無所為而又以五乘十以十乘五而亦皆五十

又一說洛書積數四十五五居中無所為則亦自含五并為五十

又一說中數五衍之以至於十

又一說（下合四十五）六七八九十因五而數也

又一說五為生數之極十為成數之極以五乘十以十乘五

又一說數始於一成於五小衍之成十大衍之成五十。右共見大全可考

亂按大衍五十古今說者凡十餘家正義所載皆出臆度最不可憑大全所著諸說則亦皆依河圖洛書取數予謂上文云天數五地數五五位相得而各有合而至此曰大衍之數五十則知衍五而十之也且說卦明言昔聖人之作易也幽贊於神明而生蓍參天兩地而倚數則五者蓍策取數之原也而衍之為五十耳不待旁引曲說而其義自明於書中矣

壬子九月

亂按揲之以四者老陽三十六老陰二十四先儒所

皆

謂過揲餘策者也歸奇於扐者老阳十三策老阴二
十四先儒所謂掛扐正策者也然四時〻〻之正也閏
月者收之餘也今四揲以象四收而歸奇以象閏則
古之易以四揲為正策而以掛扐為餘策可知矣故
下文言乾坤之策言二篇之策亦以過揲之數而言
過揲古疏本作過揲理或然也 壬子

乾之策坤之策

古注云陽爻六一爻三十六策六爻二百一十六策
疏云此經據老阳之策也○古注云陰爻六一爻二
十四策六爻百四十四策疏云此經據坤之老陰故
故百四十有四也

五

淪按老陽之數過揲三十六策而掛扐十三策先儒以掛扐爲正策而過揲爲餘策今曰乾之策二百一十六者以乾六爻皆作老陽每爻三十六策而得之也坤亦老陰二十四策積六爻而得百四十四也古以過揲爲正策而掛扐爲餘策於此尤可證也壬子

又按七八九六之數本五十蓍策四揲之餘本無別義先儒專信河圖之圖分合進退以求七八九六之數遂以掛扐爲正策四揲爲餘策尤可疑也古之易學則不然壬子私句

二篇之策

淪按二篇之策陰陽各百九十二凡阳爻別三十六策

九陰爻別二十四策合之得万一千五百二十皆挑

老阴老阳四揲之数而計之也 私句

唐六典大卜令卜筮之法一曰龜二曰兆三曰易四曰

式五兆之策三十有六易之策四十有九其变有四

單拆交重十八变而成卦内卦为貞朝占用之外卦

为悔暮占用之○古玉海載○按筮儀所載單拆重

交自唐宋已有之又見儀礼士喪礼疏中 圈 外 私句

是故四營

正義曰營謂經營謂四度經營蓍策乃成易之一变

也 私句

易有聖人之道

亂按先儒謂易本爲卜筮之書而至孔子始爲義理之書先人謂夫子以前治易者既有卜筮義理二端而夫子從其可從今觀此章易有聖人之道四而辭變象占具焉尚其變者義理之易也尚其占者卜筮之易也古者易有卜筮義理二端已見于此矣然至下節曰无有遠近幽深遂知來物則系詞之說易專做卜書看 甲辰

亂按此章首曰聖人之道四而次五節只言卜筮一端而言動制器三事之理自隱然乎其中故夫復以有聖人之道四結之似尚辭尚占不可逐節分解以言者尚其辭者言君子之告人必依易辭而言也如

今引詩書語孟說道以制器者尚其象者言制器物
法易象而作如旗常法二十八宿而製諸諸不見此
意此亦古人之言自然有餘味處 壬子

參伍以變

荀子議兵篇窺敵觀變欲潛以深欲伍以參楊倞注
云伍參猶錯雜也使間諜或參之或伍之於敵之間
而盡知其事韓子曰云云 又曰云云也
史記蒙恬傳周書曰必參而伍之○索隱曰參謂三
卿伍即五大夫欲參伍更議○又曰察於參伍上
聖之法也 私旬

易无思也

澂按十翼中言易有以書而言者有以道而言者有就蓍卦而言者如曰易有聖人之道四焉者以書而言也如曰易有太極者以道而言也此章曰易无思也云云者承上文專就蓍卦而言其未用也寂然不動其已用也感而遂通天下之故大柢道無所不在随人所見通於易則見天地之間無非期易包說書礼樂悉在其中乃至著衣喫飯皆莫非期易之用十翼中屢屢言易為是耳

是故闔户謂之坤

澂按易之為道不過陰陽二端對待謂之變流行謂之通对待自在流行中非流行外復有对待也見則

為象天地日月是也形則為器蓍龜是也聖人制法而天下用之日亨其利而莫知其所以然也甲辰四月廿六日午下

亂按此章言變通象器下章言道器變通其致一也但此章言變通就陰陽上說故言在象器之先曰陰陽之象而命之蓍策也下章言變通就人事上說故言在道器之後曰蓍策之變通而行之也然則所謂道器之器指蓍策之數而非事理之謂可知也壬子九月八9夕

是故易有太極 後紙之太極二字之一章當在于此下可

按太極正義云兩儀生四象者謂金木水火稟天地而有故云

八

兩儀生四象土則分王四季又地中之別故唯云四象四象生八卦者若謂震木離火兌金坎水各主一時又巽同震木乾同兌金加以坤艮之土為八卦也

○瀓按儀象卦宋朝先儒之說亦自簡明不可易也正義迂鑿姑書以見舊說

瀓按此章凡九節第一節泛言易道第二第三節言蓍策之事第四第五第六節言乾坤變化之道第七節言天地法象之事以及蓍龜至此第八節總結上文分應諸節古人文字不明照應而暗自相應自然之妙可見也　壬子九月九日

是故天生神物

○正義云天生神物者謂天生蓍龜聖人法則之以爲卜筮也

易有四象三說

莊子云四象謂六十四卦之中有實象有假象有義象有用象

○何氏以爲四象謂天生神物一也天地變化二也天垂象三也河出圖洛出書四也

○正義曰上兩儀生四象七八九六之謂也故諸儒有爲七八九六

說按易有四象諸家多說莊氏說竟出臆料不足取也何氏說雖有所據亦不切當但七八九六之說最

此段當有于下

以孚

不可易也正義本義其言雖異而其旨則同易之為易本起於七八九六之數見其變以示人事故其下繫之曰云云其意自明矣 私考下段亦然

亂按太極二字是後世學問之根本準則乃天地万物之主宰也故先儒有言太極者理之尊號周子朱子之書詳矣先則謂太極者指一元氣而言即漢史所謂太極元氣函三為一者也彖曰大哉乾元万物資始至哉坤元万物資生蓋分而言之則為乾元為坤元合而言之則乃一元氣之用為耳乃所謂易有太極是生兩儀者也○又曰儀象卦皆見于畫者也畫一奇以象陽畫一偶以象陰謂之兩儀〻〻〻非陰

始

陽之列名也儀者猶渾儀銅儀之儀所以象陰陽也

是故形而上者

亂按道器之說見乎易而後世談理之人以為体用理氣之祖今詳易本旨則殊不然本義曰云云夫器者器用之器卦爻陰陽非有形之物而不可謂之器也竊謂此不可以理氣判道器蓋在易而謂之道則非他易道也而其蓍龜之類乃可謂之器蓋以卦爻為器則下節所謂曰爻曰象亦屬重複

亂按易道無形曰器而著故曰蓍策以示吉凶消長之變此所以言形而上下也卦爻之所示唯道其常曰而裁制之變之謂也卦爻之所說唯是一事曰而

十

推數之通之謂也措之事業則天下平之矣甲辰四月廿六日午時

上系辭竟　五月廿八日未五刻書字畢同閲授竟

繫辭下傳

八卦成列

濯按易之言象不一有八卦之象通三畫而言如天地山沢是也有六十四卦之象通六畫而言如乾為龍坤為牝馬是也有一爻之象如潛龍履霜是也此章所言象者就八卦而言故曰八卦成列象在其中矣爻金是主一爻而言此所云爻者在六畫卦而言故曰因而重之爻在其中矣蓋八卦已成則其象可見而重之為六十四卦則剛柔上下爻之變動始可行也

又按重卦儒說不同程子謂因八卦而加加之八卦

邵子謂兩儀生四象〻〻生八卦〻〻生四畫者十六十六者生五畫者三十二〻〻〻者生六畫者六十四卦所謂加一倍法也朱子兩從其說而啓蒙專主邵子說觀此章上曰八卦成列而下則曰因而重之則是因八卦而又加八卦也程子說可信也 壬子十月六日夕

夫乾確然

亂按此章推易之用而原之于天地聖人〻〻仰觀俯察天地之道而易道與焉乾坤者天地之象仁義者聖人之道而爻象者所以法之者也首言八卦成列而節〻推究反覆以明其義易之大旨亦盡乎此

癸壬子重五前一日

古者包犧氏之

觀接地之宜本義從王昭素本作天地之宜蓋以鳥獸之文〻勢相对也予謂古文不必若是之板也上既有仰天俯地之象不应到此再提起天地只是言草本高耳上既自天地說起而鳥獸而草木而已身而万物去言之叙自当然也正義云地之宜者若周礼五土動物植物各有所宜是也此說可從然不可該動物而言又与鳥獸複巳亥五月十日

作結繩而為

說卦九章離為目本義本此

日中爲市

經典釋文噬市利反翟也嗑古臘反合

神農氏沒

韓康伯曰垂衣裳以弁貴賤乾尊坤卑之義也

南軒誠齋晉山建安丘氏說亦取上衣下裳之義最可從也

重門擊柝

韓康伯曰取其豫備

亂楊涑水曰豫者怠惰之意擊柝者所以警怠惰也

楊氏曰三陰安于内說豫之象也

陽卦多陰

為

虞義懋㨿註疏少者多之所宗一者衆之所歸陽卦二陰奇為之君陰卦二陽偶為之主末注云陽卦奇陰卦偶者言陽卦以奇為主震坎艮皆一奇皆出于乾之奇所以雖陰多亦謂之陽卦陰卦以偶為主巽离兑皆一偶皆出于坤之偶所以雖陽多亦謂之陰卦並依旧注則下文陽一君二民非二民乃四民矣陰二君一民非一民乃二民矣此論甚為有理前論條存疑之說然以羊畫畫全易並无此例不无可疑似從注疏之說為是 此下有圖已備傳義本

易曰屨校滅趾

古本亦作屨本文作屨是改

者

子曰顏氏之子

亂按古者書法尤嚴孔子之称門人称回称賜未嘗曰某氏之子曰某氏之子者猶曰武氏之子蓋作系辭者以師道自任卑視孔門諸子之所称十翼非孔子之作益明

天地絪緼

正義云天地丨丨丨丨醇絪緼相附著之義言天地無心自然得一唯二氣絪緼共相和会万物感之変化而精醇也

亂按万物化醇者猶中庸所言大徳敦化之謂不言醇化而言化醇者叶韻耳

其称名也雜而

亂按其衰世之意耶正義云考校易辭事類多有悔吝憂虞故云衰乱之世所陳情意也若盛德之世物皆遂性人悉懽娛无累於吉凶不憂於禍害

其称名也小

正義云其称名也小者言易辭所称物名多細小若見豕負塗噬腊肉之屬是其辭碎小也其取也類也大者言金是小物而比喻大事是所取義類而廣大也

亂按乾称竜坤称牝馬只是一義耳非其称名也小乎推類而通則可以言天子可以言聖人凡有才德

器識者皆可以告之非其取數也大乎

易之興也

澂按其於中古乎其有憂患乎俱是想像之辭係辭之時作易之人與殷共不可知也本義云夏商之末易道中微至文王而後興蓋第伏羲為上古而爲言也本文不見此意 己亥

澂按此叙九卦猶前叙十三卦非卦本有此義也自六十四卦既成之後各取其便以衍處憂患之義耳此演易之通例也

其出入以度

韓康伯曰明出入之度使物知外內之戒也出入猶

行藏外内犹隐显遯以远昵为吉豊以幽隐致凶渐以高显为美明夷以处昧利贞此外内之戒也

二与四同功

郭京举正繫辞二多誉四多惧注云惧近也今本误以近也字为正而注中又脱惧字

夫乾天下之至健也

正义大难曰险乾以刚健故知其大难小难曰阻坤以柔顺故知其小难○朱子曰险与阻不同险是自上视下见下之险故不敢行阻是自下观上为上所阻故不敢进云峰胡氏云下危曰险乾在上也上难曰阻坤在下也

天地設位

亂按天地丨丨言聖人明天地之道以作易人謀審其義理鬼謀决其吉凶以教天下之民也壬子十月十一夕

說卦傳

觀変於陰阳

澂按陰阳以卦而言剛柔以爻而言象中言剛柔皆就爻而言可見矣下章人分言天地此処不必拘也和順於道徳似曉說仁故下章兼之而言云〻壬子

澂按窮理窮事物之條理也盡性盡己之性也達於命達天命也先儒說窮理甚重与格物併說曰窮尽天地万物之理則遍矣下章曰順性命之理如不与窮理之理相同而其実相通只是後世所云道理者也須活看

昔者聖人之作易也

淪按易象阴阳以畫卦爻曰系之辭六十四卦莫非阴阳之变而言不及陰阳彖演卦辭而言剛柔則專就人之性行而言亦未及仁義及十翼之作則当取仁義之說明于天下而儒者之所称道以為宗者也故配之陰陽剛柔以天地人分而言之曰立天之道云云蓋相配以立言未嘗言天之阴阳降而為人之仁義也而易中亦未嘗言五行也至漢儒以仁義礼智信配五行及宋加之以健順配之天之阴阳五行則不唯古無其說而自相枘鑿者多矣何也仁義既配阴阳又移之五行以配木金則阴阳可降而偶且就五行而言則水火或可以該阴阳木金豈可以括

五行乎蓋古人言道各自不同其有所專主也亦不必相襲故說畫之言既與易不同而易之所說卦爻彖象亦不必相沿至後世彼此牽合以成條貫故其言纖悉無遺而還有所不通脉絡整齊而竟不免且吾學者其審之矣

天地定位

亂按天地定位一節邵子以來以為先天之學蓋易有後天之說而無先天之說此蓋本于陳希夷之所傳方外丹竈家之所為遂以此章為証竊按此章只以八卦兩兩反對為說未嘗言方位第六章說後天方位其下乃曰水火相逮雷風不相悖山澤通氣然

後雖變化既成万物也則亦此章之旨耳非言先天方位也　壬午十月十一日夜

○天地定位——韓康伯曰易八卦相錯變化理備於往則順而知之於來則逆而數之

●是故易逆數也韓康伯曰作易以逆覩來事以前民用

亂按數往者順知來者逆是故易逆數也數往者如自今日而言前日之事也知來者如自今日而言來日之事也易以數而逆卜將來之吉凶將言知來先蓍數往者一句非二句乎說圖有順逆之位也繫辭云神以知來知以藏往又曰夫易彰往而察來礼記

云生与来曰死与往曰命吾亦曰告诸往而知来者古書言往来皆同意此義也先儒亦如是説

雷以動之

晅陸徳明曰况晚反京曰乾也李又作㬪徐古鄧反又音香元反

乾为天爲圜

廣義葡是葡爽後漢葡淑之第六子淑有子八人時人謂之八龍爽其一也九家乃漢淮南王刘安所九人明易者撰道訓二十篇號九師易文中子所謂九師興而易道微者也葡爽有集九家易觧十巻葡九家其集之名也

困學紀聞說卦釋文引荀爽九家集解得八卦逸象三十有一隋唐志十卷唯釋文序錄列九家名氏云不知何人所集稱荀爽者以為主故也其序有荀爽京房馬融鄭玄宋衷虞翻陸績姚信翟子玄為易義愚按九家易困學紀聞所列得之文中子所云九師興而易道微三傳作而春秋散與此異矣阮逸注云淮南王聘九人明易者撰道訓二十篇號九師易按玉海出劉向別錄所謂九師道訓者也廣義引之解荀九家誤也淮南王是漢初人荀爽是後漢末人年世不相值

○易九師說玉海又引漢藝文志

震為雷為竜

反生陸德明曰豉豆之屬丨丨戴孚甲而出也虞作阪云陵阪也陸云反當為反 東厓云下之反字恐誤

巽為木為風

寡髮陸德明曰如字又作宣黑白雜為宣髮

兌為沢為少女

剛鹵陸德明云力杜反鹹土也

系辭下經　十九日夜二更寫經

序卦傳

喪者難也

困學紀聞王昭素與序卦云離者難也難必有所感故受之以咸咸者感也凡十四字晁以道古易取此三句增入正文譏後人妄有上下經之辨吳人傑亦從王晁之命

雜卦傳

屯見而不失

郭京舉正蒙雜而著今本雜誤作雜字

大過顛也

周易雜卦自乾坤以至需訟皆以兩兩相從而明相反之義善大過至夬八卦則否焉傳者之失也東坡始正之元本云大過顛也姤遇也柔遇剛也漸女歸待男行也頤養正也既濟定也歸妹女之終也未濟男之窮也夬決也剛決柔也君子道長小人道憂也東坡改云頤養正也大過顛也姤遇也柔遇剛也夬決也剛決柔也君子道長小人道憂也漸女歸待男行

也歸妹女之終也既濟定也未濟男之窮也誤如此而相從之次相反之義煥然若合符節矣○睿齋三峯
亂按雜卦次序從東坡改定則六十四卦皆反對相並各不錯亂然歸妹女之終也未濟男之窮也此二句似相对君子道長小人道憂二句亦似是成一篇之結語不可必移動予謂雜卦亦是坤韻正定二字相叶終窮二字相叶柔憂二字自相叶者從旧為正
已亥

天明二載壬寅夏六月朔日全部寫畢 千古義堂
塾主武子上甫寫 佐々木定發記

九卷大尾

作者及版本

伊藤東涯（一六七〇—一七三六），名長胤，字源（元）藏，幼名爲龜丸，號東涯。寬文十年（一六七〇）四月二十八日，其父伊藤仁齋四十四歲時，生於京都，爲仁齋長子。幼小聰穎過人，不多言語，愛讀書，常手不釋卷。一生忠於其父學業，普及刊行上輩的著述鞠躬盡粹。著有《學問關鍵》《訓幼字義》《古今學變》等。不僅在哲學方面成績顯著，而且在語言學方面也有很多著作，如《用字格》《助字考》及《刊謬正俗》等。

《周易傳義考異》爲四孔線裝和式寫本，由佐佐木恭寬於天明二年（一七八二）書寫。書高二十三厘米，共九册。第一册封面題簽「周易傳義考異」，正文前有書寫者簡序之後，有《易傳序》及本文與考異文，每頁十一行，每行二十個字。天頭上間有注及朱筆逗點。每册終署寫畢年月。字跡清晰，易於辨認，毫無蟲蛀，便於閱讀。